朱玲玲 ◎主编

"上海市中小学数字化实验应用案例研制"项目成果

实验教学的新实践

上海市小学数字化实验应用案例100例

上海教育出版社
SHANGHAI EDUCATIONAL PUBLISHING HOUSE

图书在版编目（CIP）数据

实验教学的新实践. 上海市小学数字化实验应用案例100例 / 朱玲玲主编. — 上海：上海教育出版社，2021.8
ISBN 978-7-5720-1028-6

Ⅰ.①实… Ⅱ.①朱… Ⅲ.①理科（教育）－实验－教案（教育）－小学 Ⅳ.①G623.62

中国版本图书馆CIP数据核字(2021)第147539号

策划编辑　胡永昌
责任编辑　黄　伟
封面设计　王　捷

实验教学的新实践——上海市小学数字化实验应用案例100例
朱玲玲　主编

出版发行　上海教育出版社有限公司
官　　网　www.seph.com.cn
地　　址　上海市闵行区号景路159弄C座
邮　　编　201101
印　　刷　上海颛辉印刷厂有限公司
开　　本　787×1092　1/16　印张 20.5
字　　数　400 千字
版　　次　2021年8月第1版
印　　次　2025年4月第2次印刷
书　　号　ISBN 978-7-5720-1028-6/G·0807
定　　价　68.00 元

如发现质量问题，读者可向本社调换　电话：021-64373213

编 委 会

顾　问　刘京海　冯容士

主　编　朱玲玲

编　委（以姓氏笔画为序）

王玉婷　朱　钰　陈　健　陈　豪
周　敏　贺云飞　胡　超　荣　麒
徐　菁　钱逸磊　董道夷　潘晓波

序一

非常高兴应邀为此书写序。我在2007年的研发中心第一期成果汇编中说过：我们基地的学员只是开了一个头，率先开发和研究了一些DIS实验，仅是"冰山一角"，待研究的空间很大，希望广大教师投身到这一研究领域，为课改的开展做出努力。而如今我们已经有了《实验教学的新实践——上海市初中数字化实验应用案例100例》《实验教学的新实践——上海市小学数字化实验应用案例100例》。我感叹时代的变迁，感叹技术的革命，更加感谢教师的智慧与汗水。

看到书稿中的小学科学学科100个数字化实验应用案例、初中理化生100个数字化实验应用案例，我内心非常高兴。

我比较清楚此项目的由来和推进情况。上海市教育功臣刘京海校长在一次数字化实验高层论坛上提出要编辑小学100个数字化实验案例、初中100个数字化实验案例，时任上海市教委教研室主任的徐淀芳表示：再加上高中，我们做小学100个、初中100个、高中100个，数字化实验300个，学生从小学到高中能完成300个数字化实验，那就"老结棍"了。于是就有了"DIS300项目"和"上海市中小学数字化实验系统应用推进中心"。该项目于2018年1月立项，该中心于2018年3月开始实际运行，于2020年12月13日由上海市教委教研室王洋主任正式揭牌。这个项目立项后，在上海市教委教研室的指导下，沈慧丽老师、赵伟新老师统筹协调，由田家炳小学校长朱玲玲牵头承担小学部分，闸北八中校长陈婷牵头承担初中部分，复旦附中副校长王铁桦牵头承担高中部分，最终将这系列成果出版。

DIS应用推进中心刘京海主任在DIS推进过程中为DIS数字化实验总结了多项特点：DIS实验一个飞跃是让传统实验质变为数字化实验，DIS实验的两个方向是优化传统实验和开发新颖实验，DIS实验的三个变化是变定性为定量、变不可见为可见、变不可能为可能，DIS实验的四个转变是转变教学观念、转变教学方法、转变学习方式、转变评价方式。

在短短的两年时间里，刘京海主任与研发中心一起，致力于推进DIS的常态化应用。两个中心、两所学校召集了上海的中学理化生学科，小学自然、小学科学与技术学科的教研员和老师们，将DIS在上海实验教学中18年的应用归纳总结为中学100个案例和小学100个案例。这是DIS在上海教育又一成果，更是新时代实验教学的经典代表。

在案例编写、视频拍摄时，金立群老师每天从金山赶到市区，参与审稿、实验装置制作、视频拍摄等工作，为中学实验案例出版做出较大努力。

小学编写组徐菁老师等编写团队为小学案例出版做出较大努力。

我要替刘京海校长由衷地感谢上海市教委教研室领导多年以来的支持和指引；感谢上海市教委装备中心对全上海DIS用户学校的装备、技术和服务支持；感谢奋斗在一线的、对实验教学始终饱有热情的老师们；同时，我个人更感谢刘京海主任带领的应用推进中心的全力配合；感谢DIS研发中心的每一位工作人员的不辞辛劳、夜以继日。研发中心和应用推进中心双剑合璧，代表了中国教育界对教育技术进步的不懈追求，必将推动信息技术与实验教学的深度融合，取得更加丰硕的研发成果，服务中国、走向世界。

希望《实验教学的新实践——上海市初中数字化实验应用案例100例》《实

验教学的新实践——上海市小学数字化实验应用案例100例》未来能给教师，特别是新一代年轻教师们，在教学中带来实质性的帮助。欢迎更多的老师们加入我们DIS应用推进中心、DIS研发中心，为我们所热爱的教育事业，贡献智慧，分享成果，薪火相传。

最后感谢所有的参编老师为上海市中小学实验教学所作的贡献，祝愿各位老师能创造出更辉煌的明天。

上海市中小学数字化实验系统研发中心主任
2021年6月

序二

中国人自古以来,对学习就有自己独特的解释,即"读万卷书,行万里路"。毛泽东主席早在《实践论》中就指明,间接经验学习,前人经验学习,书本知识学习;直接经验学习,体验式学习,在实践中学习。

教育改革既需要改进教学方式和评价,还需要重新认识教与学的领域,任何窄化学习领域的教育行为,从某种意义上说都是对教育的伤害。著名的"你想知道梨子的滋味,就得亲口尝一尝"的通俗阐述,让我们对学习的两个领域有了更深的理解。学科学习,解题能力培养很重要,但仅仅停留在书本学习是不完整的学习,一定要把学到的书本知识、能力应用到实践领域,发展学生解决问题的能力,指向必备品格和关键能力的形成,为动手能力和创新精神的培养打好基础。

以往我们过分强调学科学习,往往忽视实践性学习,尤其是实验教学往往不受重视。直接用讲题目、做题目,或是看视频来代替实验操作的教学样态已司空见惯。近年来,有些学校开始意识到实验教学改革的紧迫性,尝试购买大量的先进的实验设备和数字化实验装置,硬件环境直接进入"顶配"状态。但是这些先进装置却没有在常态化应用的实验教学中见到,大都"冰封在库房之中"。为什么会出现这样的结果?

资源与环境建设仅是实验教学改革的基础,教师观念转变才是前提,形成具体操作点应是推进常态化应用的核心所在。传统实验教学基于数字化实验的改革所遇到的问题主要有两个:一是缺乏数字化实验工具的应用资源和经验;

二是缺少应用数字化实验开展实践性学习的路径和方法。

闸北八中从2013年开始，引入DIS数字化信息系统，针对刚开始教师的认知问题和操作难点，通过案例展示和培训，采用模仿——"做中学"、理解——"做中思"、创新——"做中创"的方式，转变教师教育观念，全面开展学校实验数字化改造，探索数字化实验创新的实践路径。八年多来，在上海市教委教研室的指导和帮助下，我们构建教、学、研一体化的机制，开发数字化实验体系化的应用资源与培训资源，形成数字化实验常态化应用的路径、策略与方法，实现实验教学的创新，促进教与学方式的转变，提高学生的综合素养。

我积极鼓励并指导田家炳小学，开展数字化实验探索。结合"田小"的实际，我提出明确的推进思路：小学数字化实验与教材相结合，与生活现象相结合，通过实验发现真谛；实验设计分层要求，让每个学生都能做实验，特别是对学困生和特殊学生，降低实验要求，让他们也能体验实验的乐趣；以过程数字化，促教学精准化。通过几年的努力，"田小"在数字化实验的建设与应用方面，取得丰硕成果：不仅开发出系列化的数字化实验资源，而且形成了系统的推广应用路径、策略与方法，并在实验教学方面，进行了因人导学的积极探索。教师观念转变，教学行为改进，学校多次召开数字化实验展示与交流活动。

去年12月，为强化数字化实验的推广，上海市中小学数字化实验系统应用推进中心挂牌，我有幸担任中心首任主任，这是我70岁退休后获得的第一个岗位。感谢上海市教委教研室领导的培养和大家对我的信任。数字化实验的推广工作，其实在四年之前我已开始推进。在市教委教研室教研员的指导下，闸北八中、风华初中、田家炳小学已承办了三期、7个班的培训，创设了带着开发课程任务开展培训的新方式，共完成了50个课程资源包，为数字化实验大面积推广应用培养了50所项目学校的种子教师。

到了今年，我们又得到了市教委教研室的支持和多位专家的指导，开始参与到上海市"DIS300项目"行动之中。

闸北八中、田家炳小学分别承担并完成了初中、小学学段各100个数字化实验的资源包，即《实验教学的新实践——上海市初中数字化实验应用案例100例》与《实验教学的新实践——上海市小学数字化实验应用案例100例》，主要是围绕学科数字化实验和项目学习指南两大板块来建设资源包。体系化的资源包，为更多学校推进实验教学改革，提升实践性学习质量和品质，提供资源保障、模式参照。

"100例"丛书的出版为我们数字化实验系统的进一步推广，提供了很有利的契机。下一步，我们将结合"双新"改革的要求，提高认识，梳理经验，确立更大的应用推进工程。

一是要重新认识新课程、新教材改革背景下，数字化实验在学校层面实现新教法、新评价改革的特殊价值和意义。

在实践应用的基础上，我们体会到数字化实验有11大优点：单纯定性变成定性定量结合；单纯结论变成过程与结论结合；验证变成探究与验证结合；成功率大幅提高；危险性降低；整个实验时间显著缩短；多种传感器的组合实现了跨学科运用；运用于学生的小调查、小实验、小论文，促进实践性学习、项目研究的开展；单一学校实验室场所拓展成为广泛的移动实验室空间，促成跨时空学习；学习行为的数据化记录，促成了汇总分析研究的功能实现；基于实验体验、尤其是实证数据基础上的思维（做中学、学中思），用任务和问题引导学生而不是空想，使思维有载体，有想象的依据，又不拘泥于现象，是一个从具象到抽象的过程，符合儿童思维发展的特点和规律，符合科学教育、科学探究的规律，是基于现代技术的现代版"做中学"。

五育并举，更加强调实践性学习的重要性，数字化实验系统应用推进既有利于在学科范围内加强学生动手能力和创新精神培养，又可以借助数字化实验的设备、思想方法，进行广泛的以实际问题解决为载体的项目学习，使跨学科、团队合作、探究性学习融为一体，把解题的学习拓展为解决问题的学习，使学生在应用学科知识解决实际问题的过程中找到路径、载体、方法。

二是数字化实验资源建设和应用培训是核心。

目前已有数字化实验设备的学校使用率普遍不高。习近平总书记反复强调要研究可复制可推广的经验。数字化实验系统研发出来是创新，大规模应用推进更应该是创新，因为它会产生教育的生产力和提高教育效率。

对于数字化实验系统，领导、专家都说好，教师不说好，因为他们没有上手去用，不可能体会到好。只有用，才会说好。为什么不用，因为不会用，所以我在闸北八中就是抓住这个问题，在做中学，做中体会好。做中学、做中思、做中创的培训方式，是复制、推广、创新教育成果的必由之路。

实践证明：闸北八中是普通生源、普通师资的普通学校，在学科学习和项目学习中成为应用数字化实验最多的学校。全员参与项目学习，学业质量提高的同时，学生综合素养充分提升，在国家、市、区各类比赛中获诸多奖项，如上海市未来杯一等奖，上海市科技创新一等奖，全国科技创新二等奖等。

三是市、区、校要加大数字化实验设备配置的力度。

中小学数字化实验系统是上海的创新。实验设备是数字化实验应用的基础。在有限经费条件下，把面向每一个学生的设备优先配置，强制要求配置，体现的是教育公平，我认为数字化实验设备配置应该属于全面配置。有困难的地方，可实行分年配置，边配边用，逐步推进。

我曾经说，数字化实验应用教与学就是现代版的"教学做合一"。我还说过,未来的所有创造发明可能都与数字化中的传感器、显示器、计算机软件有关。现在回过头来看,我一个文科背景的超龄校长,在一所生源普通、师资普通的普通学校,坚持近十年探索常态化应用数字化实验,这条路是走对了。这缘于我们对成功教育改革的不断探索,出于班子和教师团队的教育理想和情怀。

特别感谢我师傅冯容士校长的指导和激励,徐淀芳、王洋主任的信任、指导和支持。

数字化实验系统的应用推广实践,仍有许多问题有待解决,希望有更多的实践者来参与,共同探索出更多可复制推广的方案,为"双新"改革服务,为学生的全面发展助力。

刘京海

上海市中小学数字化实验系统应用推进中心主任

2021 年 7 月

前言

以过程数字化　促教学精准化
——小学 DIS 数字化实验课程建设与思考

科学教育的特点是通过实验来探究科学原理，皮亚杰说过"要把实验室搬到课堂中去"。传统的实验教学呈现的往往是定性的实验结果，很难对实验的过程及结果作出基于数据的精准的解释。数字化信息系统（digital information system，简称 DIS）是综合运用传感器、计算组成进行数据采集、数据处理的新型实验系统，它实现了信息技术与科学教学的深度融合，开启了实验教学的数字化时代。如何应用数字化信息系统重构科学实验教育课程是变革与创新科学教育的一项前瞻性的研究课题。我校从对小学科学课程内容的整体分析和梳理出发，在开展常态化 DIS 实验教学实践的基础上，博采众长，设计和开发了覆盖小学科学教育各个内容领域的《实验教学的新实践——上海市小学数字化实验应用案例 100 例》，初步形成了"猜想—验证—解释"探究实验教学的模式，激发了学生的科学兴趣，发展了学生科学探究能力。

一、引进设备，丰富实验手段

自 2016 年起，我校分批投入 DIS 数字实验设备，确保数字化实验课程的设计与实施。目前已经累计拥有各类传感器 15 种，包括 pH 传感器、力传感器、分体式位移传感器、温度传感器、声波传感器、声级传感器、光照度传感器、磁感应强度传感器等，还有与之配套的摩擦力轨道实验器、摩擦做功实验器、多用途力学轨道、浮力组件等实验设施。这些设施、设备，极大地丰富了学生的实验操作内容，为解决科学问题提供了更多行之有效的手段。

二、因地制宜，调整课时安排

为了更好地实现数字化实验常态化教学，提供学生和老师连贯的实验操作体验和充分的思考、交流时间，2019年开始，学校将自然课安排成两节连上的形式，保证了实验的系统性和连贯性。课内实验对应现阶段沪远东版、沪科教版《自然》教材和沪教版《科学与技术》教材内的大部分实验；课外探究对应学校的"科技大本营""数字化实验室""创智田子坊"等科技社团的活动，以及"衣、食、住、行"生活课程所涉及的长周期科学实践活动。结合每学期德育生活课程中关于"衣、食、住、行"的探究任务，让学生利用课后或者休息日，自己组合团队小组，设计实验方案与任务单，借用学校的数字化实验设备开展实验，最终形成项目活动报告。比如"行"主题中，探究"汽车惯性实验和交通安全调查"的小组项目，4个学生自行组合，围绕影响车辆刹车的因素展开调查和实验论证。学生先在实验室，利用力传感器和摩擦力轨道开展对比实验，从实验数据里找到了摩擦力大小对刹车的影响，证实自己的推测；随后到小区、街边等公共场合开展问卷调查，得到一手数据；汇总两个数据信息，得出最终结论"摩擦力不足以减少车辆刹车的惯性"，进而倡议"安全驾驶，遵守交规，享受幸福生活"。我们力求将科技前沿知识和最新技术成果融入学生生活实验中，丰富生活体验的同时，培养观察思考的能力。

三、分层施教，培养科学精神

我们注重引领、普及、照顾，让所有孩子都能踏入数字化实验的世界。针对不同学生的学习水平，我们制定分层实验要求，以满足不同层次学生的学习需求。面向普通学生，设计基于教材的、基于生活问题研究的数字化实验，注重体验科学探索的一般过程，给每个学生参与实验的机会；对于资优学生，在基础实验的基础上提高实验难度，或由学生自己发现社会生活中想研究的课题，以项目研究的方式推进，注重培养学生项目设计、方案撰写、实验操作、数据分析、实验表达等严谨的科学态度、科学精神，培养其领悟科学技术与日常生活、与社会发展相联系的更高层次的认知与技能；对特殊学生和学困生，我们则降低难度、减少数量、反复实验，帮助学生体验感悟实验的快乐。如鼓励学生用学到的知识和数字化实验设备，去解决他们感兴趣的问题。4个志同道合的小伙伴，组成了"冰火小队"，以"遵守交通安全，共建美丽家园"为主题，运用力传感器设计模拟实验，对汽车惯性涉及的交通安全问题开展调查；听障孩子虽听力受损，但在人工耳蜗的帮助下，可以如常人般，运用自己其他感官参与科学探索。对于智障和学习困难学生，降低实验要求，设计操作简便的实验项目。如运用磁感应强度传感器测量磁性大小，操作上只要求学生能够按照实验规则，把磁性探头摆放到准确位置即可，然后通过读数、记数、比大小，就可得出结论；又比如脑瘫孩子因为手指不灵活、不受力，在实验中发挥小组伙伴的互助作用，让他承担观察读数、分析表达的任务，共同参与完成实验。

四、博采众长，构建数字化实验课程

2018年至今，学校受市教研室的委托成为上海市中小学数字化实验应用推进项目的培训基地之一。在上海市数字化实验系统研发中心主任冯容士、副主任陆伯鸿和市教研室赵伟新、沈慧丽老师的指导下，学校参与两批次市级DIS实验应用培训，其中共有18所学校、60位老师参与培训活动。2019年12月—2021年6月，学校在市教研室的支持下开展了"上海市中小学数字化实验应用案例研制"的项目研究。

《实验教学的新实践——上海市小学数字化实验应用案例100例》，是我校教师在常态化使用数字化实验系统的基础上，从"2019年上海市小学科学数字化实验应用优秀案例征集活动"获奖优秀案例中获得启发，集自然学科、社会实践、拓展活动等多种形式，收集整理的案例。书稿中的100余个数字化实验相关案例分为"物质科学""地球与宇宙""生命科学""综合实践活动""小学科学常用传感器的使用"五大领域，涵盖"电、热、磁、声、光、力、酸与碱"等主题。其中，课内实验77个，课外综合实践活动9个，传感器使用实验16个，共计102个数字化实验。

案例中包含数字化实验教学的设计及配套的实验视频，可以为实验过程数字化、实验教学精准化提供参考与借鉴。如"热"主题的相关案例，运用温度传感器，精准、高效测量各类物质的温度变化；"声"主题的相关案例，则运用声级传感器，让孩子们直观地"看"到声音强弱的变化，提供学生一个测量交通、居住等生活环境噪音的精准平台；"力"主题的相关案例，把力传感器的精确发挥到了极致，摩擦力、桥梁承重、物体的弹力测量都不在话下；"酸和碱"主题，运用酸碱度传感器，弥补用pH试纸或试剂检测酸碱性数据不精准的遗憾；部分案例还向我们展示了借助数字化实验系统，学生还可以在校外、在家里开展科学实验探索和生活小课题的研究。

五、创新实验教学，改变学习方式

《实验教学的新实践——上海市小学数字化实验应用案例100例》，将形成通过网络或客户端提供的，包含设计方案、指导视频、上课内容等素材的资源包，努力体现学习环境和资源支持下的学习方式变革。

学生可以先看视频后操作，自主学习实验准备、实验流程、操作要求。若实验中发生错误，则再次观摩实现自纠。资优学生还可在完成实验的基础上结合项目研究自制实验视频,解说实验,成为实验小导师;特殊学生和学困生,通过反复观摩,反复实践完成任务,仍有困难的可在融合伙伴作小老师的指导下合作完成,共享成功。

创新实验教学方式,丰富实验教学实施形式。实验中通过综合运用观察、观测、模拟、体验、设计、编程、制作、加工、饲养、种植、参观、调查等多种方式,促进传统实验教学与现代新兴科技有机融合,切实增强实验教学的趣味性和吸引力,提高实验教学质量和效果。

数字化实验系统,以数字支撑实验,改变了学生的思维方式,帮助学生逐步养成数字实证意识,提升了学生的科学素养。数字化实验系统的出现,变革了传统实验,冲击了实验教学方式,教师需要思考全新的教学设计、需要掌握现代实验技术、需要提升自身的科学素养。

学校实验教学数字化转型推进,得到了各级领导和专家的关心和帮助。感谢上海市教委原副主任张民生、上海市数字化实验系统研发中心主任冯容士、上海市教委教研室原主任徐淀芳、上海市教委教研室主任王洋的关怀和指导,感谢兼任上海市中小学数字化实验系统应用推进中心主任刘京海校长的引领,感谢上海市教委教研室原副主任陆伯鸿和市教研员赵伟新、沈慧丽的指导,感谢上海市中小学数字化实验系统研发中心副主任李鼎和上海办事处安尽伟的支持。

此外,我们邀请了嘉定区教育学院陈健、虹口区教育学院朱钰、同济大学附属小学陈豪、崇明区实验小学董道夷、虹口区曲阳第四小学胡超等富有数字化实验教学经验的专家参与《实验教学的新实践——上海市小学数字化实验应用案例100例》书稿的共同编写。书稿的审定,也得到了上海市江宁学校周敏、上海市浦东新区南汇外国语小学潘晓波等专家的专业指导,在此一并表示衷心感谢。

本书由朱玲玲主编，董道夷负责第一篇"磁""电"的编写和相关实验视频录制，胡超负责第一篇"热"的编写和相关实验视频录制，朱钰负责第一篇"声"的编写和相关实验视频录制，陈健和陈豪负责第一篇"光"、第二篇、第三篇的编写和相关实验视频录制，徐菁、贺云飞和荣麒负责第一篇"力""材料"、第四篇的编写和相关实验视频录制，王玉婷和钱逸磊负责第一篇"酸和碱"、第五篇的编写和相关实验视频录制，徐菁、周敏和潘晓波负责所有文字资料和实验视频的审核，徐菁和贺云飞负责目录的编制和篇言的编写。

上海市闸北田家炳小学校长

2021年7月

目录

序一 / 冯容士

序二 / 刘京海

前言 / 朱玲玲

第一篇　物质科学

力　　　　　　　　　　　　　　　　　　　　　　　　　　　/2

 1. 探究力有大小　　　　　　　　　　　　　　　　　　　/2

 2. 探究弹力大小与形变程度的关系①　　　　　　　　　　/5

 3. 探究弹力大小与形变程度的关系②　　　　　　　　　　/8

 4. 探究重力大小和质量的关系　　　　　　　　　　　　　/11

 5. 探究影响摩擦力的因素　　　　　　　　　　　　　　　/14

 6. 探究增大摩擦的方法　　　　　　　　　　　　　　　　/17

 7. 探究减小摩擦的方法　　　　　　　　　　　　　　　　/20

 8. 探究影响摩擦生热的因素①　　　　　　　　　　　　　/23

 9. 探究影响摩擦生热的因素②　　　　　　　　　　　　　/26

 10. 探究杠杆的特点　　　　　　　　　　　　　　　　　　/29

 11. 探究定滑轮的特点　　　　　　　　　　　　　　　　　/32

12. 探究动滑轮的特点	/35
13. 探究影响水的压强大小的因素	/38
14. 探究物体在空气中所受浮力与体积的关系	/41
15. 探究水的浮力	/44
16. 探究物体在水中沉与浮的原因	/47

酸和碱 /50

17. 测定物质的酸性	/50
18. 测定物质的碱性	/53
19. 比较白醋和小苏打水的酸碱性	/56
20. 探究酸碱中和现象	/59

声 /62

21. 验证物体的振动产生了声音	/62
22. 比较声音的轻响	/65
23. 比较声音的音调高低与声波的关系	/68
24. 观察乐音和噪音的声波波形	/71
25. 测试减少噪音装置的效果	/74
26. 探究不同材料反射声音的本领	/77
27. 比较不同材料对声音传播的影响	/80
28. 探秘水杯琴的音调（4个音）	/83

磁 /86

29. 探究磁铁各部分的磁性强弱	/86
30. 探究自制小磁针的性质	/89

- 31. 探究磁化的方法 /92
- 32. 探究消磁的方法 /95
- 33. 探究影响电磁铁磁性强弱的因素 /98

电 /101

- 34. 测量串联电路中的电流大小 /101
- 35. 测量并联电路中的电流大小 /104
- 36. 探究纯净水、自来水和盐水的导电性 /107
- 37. 探究调光电路的原理 /110
- 38. 探究影响电阻大小的因素 /113
- 39. 探秘水果电池 /116
- 40. 探究影响水果电池电流大小的因素 /119
- 41. 模拟家庭电路 /122

光 /125

- 42. 探究光的直线传播 /125
- 43. 探究放大镜的作用 /128
- 44. 探究深色物体表面的反光性 /131

热 /134

- 45. 测量身体不同部位的体表温度 /134
- 46. 比较火焰不同位置的温度 /137
- 47. 探究热在固体中的传递 /140
- 48. 探究热对流气体中不同位置的温度 /143
- 49. 探究热对流液体中不同位置的温度 /146

50. 探究辐射热在空气中的消耗　　　　　　　　　　　　/149

51. 探究热辐射的特点　　　　　　　　　　　　　　　　/152

52. 比较不同颜色物体吸收辐射热的本领　　　　　　　　/155

53. 探究水的蒸发现象　　　　　　　　　　　　　　　　/158

54. 探究水的沸腾现象　　　　　　　　　　　　　　　　/161

55. 探究冰融化时的特点　　　　　　　　　　　　　　　/164

56. 探究水凝固时的特点　　　　　　　　　　　　　　　/167

材料　　　　　　　　　　　　　　　　　　　　　　　　/170

57. 探究不同材料的导电性　　　　　　　　　　　　　　/170

58. 探究自来水能否导电　　　　　　　　　　　　　　　/173

59. 探究不同液体的导电性　　　　　　　　　　　　　　/176

60. 探究让玻璃导电的方法　　　　　　　　　　　　　　/179

61. 探究金属热胀冷缩的规律　　　　　　　　　　　　　/182

62. 比较不同金属受热膨胀的区别　　　　　　　　　　　/185

63. 比较不同布料的保温性能　　　　　　　　　　　　　/188

64. 比较不同布料的透气性　　　　　　　　　　　　　　/191

65. 比较不同材料的导热性能　　　　　　　　　　　　　/194

66. 探究不同液体的浮力大小　　　　　　　　　　　　　/197

67. 探究不同纸张的张力大小　　　　　　　　　　　　　/200

68. 探究不同纸张的透光度　　　　　　　　　　　　　　/203

第二篇　地球与宇宙

69. 模拟火山喷发　　　　　　　　　　　　　　　　/208
70. 模拟二氧化碳增多加剧温室效应　　　　　　　　/211
71. 探究四季温度变化与阳光照射角度的关系　　　　/214
72. 验证池塘的水温变化比陆地的气温变化小　　　　/217
73. 模拟白天和夜晚陆地、海洋的温度变化　　　　　/220

第三篇　生命科学

74. 探究植物光合作用过程中氧气和二氧化碳含量的变化　/224
75. 探究植物的蒸腾作用　　　　　　　　　　　　　/227
76. 比较人运动前后的心率变化　　　　　　　　　　/230
77. 比较蛋壳内外侧的受力大小　　　　　　　　　　/233

第四篇　综合实践活动

78. 探究不同结构的抗压能力　　　　　　　　　　　/238
79. 探究引桥坡度对爬坡的影响　　　　　　　　　　/241
80. 探究桥面材料对桥梁承重能力的影响　　　　　　/244
81. 探究不同跨度的桥面对桥梁承重能力的影响　　　/247
82. 探究不同宽度的桥面对桥梁承重能力的影响　　　/250

83. 探究不同数量的桥墩对桥梁承重能力的影响　　/253

84. 探究桥面形状对桥梁承重能力的影响　　/256

85. 探究不同形态的桥墩对桥梁承重能力的影响　　/259

86. 探究摆的秘密　　/262

第五篇　小学科学常用传感器的使用

87. 使用力传感器测量力　　/266

88. 使用压强传感器测量压强　　/268

89. 使用pH传感器测量溶液的酸碱度　　/270

90. 使用声波/声级传感器测量声音　　/273

91. 使用三维磁感应强度传感器测量磁性　　/276

92. 使用电流传感器测量电流　　/279

93. 使用多量程电流传感器测量电流大小　　/282

94. 使用电压传感器测量电压　　/284

95. 使用光电门传感器测量时间　　/286

96. 使用温度传感器测量温度　　/288

97. 使用双量程光照度传感器测量光照度　　/290

98. 使用二氧化碳传感器测量二氧化碳含量　　/293

99. 使用氧气传感器测量氧含量　　/295

100. 使用相对湿度传感器测量湿度　　/297

101. 使用土壤湿度传感器测量土壤湿度　　/299

102. 使用心率传感器测量心率　　/301

第一篇
物质科学

本篇内容丰富,涉及力、声、磁、电、热、光、材料、酸和碱等诸多领域。数字化实验的开展,让定性走向定量,缩短了实验的时间,增强了实验效果的观感,并且提高了实验的可重复性。让我们从一根小磁针、一个柠檬电池出发,感受数字化赋予每一位实验者的精准与从容。

力

1. 探究力有大小

 设计背景

本实验选自上海科技教育出版社出版（简称"沪科教版"）的《自然》三年级第二学期第三单元"常见的力"。本实验用力传感器替代传统的弹簧测力计，可以为判断力的大小提供直观、准确的数据，使实验更加高效、严谨。

 实验教学目标

1. 通过观察体验活动，学会使用弹簧测力计和力传感器，提高观察、动手实践等能力。
2. 通过"探究力有大小"活动，知道力有大小，养成良好的实验习惯。

实验器材

力传感器，数据显示模块；铁架台，不同重量的物体若干。

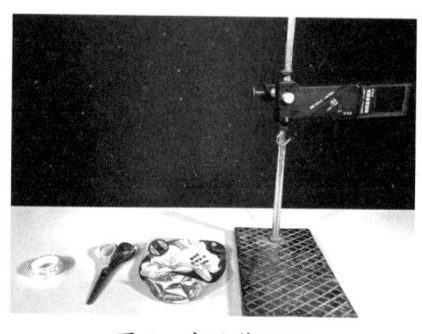

图1 实验装置图

图2 本实验操作视频

 实验操作

1. 观看视频：扫描二维码，可以观看本实验的操作视频。
2. 注意事项：①每次使用力传感器前，数据先清零；②挂重物时，需做到轻拿轻放。

实验教学流程

1. 流程图

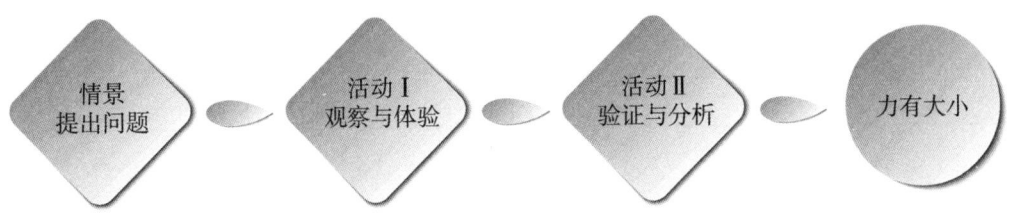

图 3　教学流程图

2. 流程图说明

（1）情景　提出问题

观察"文文拉动箱子""佳佳拉不动箱子"动图，提出"力是否有大小"的问题。

（2）活动Ⅰ　观察与体验

观察弹簧测力计和力传感器，知道设备的特点与用途；学习如何正确使用弹簧测力计、力传感器，以及两种力测量工具调零的方法。

（3）活动Ⅱ　验证与分析

操作力传感器，收集实验数据，分析后归纳得出探究的结论。

实验活动任务单

1. 活动记录

（1）实验猜想：力_____大小。（选填"有"或"没有"）

（2）实验方案：

（3）实验数据记录：

实验次数	被测物体	力的大小（N）
1	糖果	
2	胶带	
3	剪刀	

（4）实验结论：力_____大小。（选填"有"或"没有"）

2. 实验评价

达成相关活动要求的，请在"达成情况"一栏中填入相应的"☆"数。

活动内容	活动要求	等第标准		达成情况
		☆☆	☆	
设计方案	① 用文字或符号呈现实验过程 ② 注意实验条件的公平性	达成2条	达成1条	
实验操作	① 能有序、规范实验 ② 实验结束后，及时整理器材	达成2条	达成1条	
数据分析	① 完整描述数据变化的特点 ② 全面分析数据并得出结论	达成2条	达成1条	

小组得到的星星数：_____颗。（满星为6颗）

（案例实验思路提供者：上海市西郊学校　黄闰斐、万雅妮）

2. 探究弹力大小与形变程度的关系①

设计背景

本实验选自江苏教育出版社出版（简称"苏教版"）的《科学》二年级第一学期第三单元"用力以后"。本实验用力传感器替代弹簧测力计，配合数据显示模块，可以精准获取橡筋形变过程中的受力数据，便于学生从数据中找到规律并得到科学结论。

实验教学目标

通过"探究弹力大小与形变程度的关系"活动，知道对物体用力会使物体发生形变，用力越大，物体形状变化越大，提高动手、观察和实验分析等能力。

实验器材

力传感器，数据显示模块；橡筋，弹簧，铁架台等。

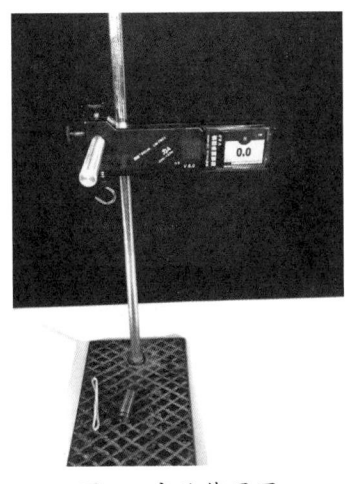

图1 实验装置图

图2 本实验操作视频

实验操作

1. 观看视频：扫描二维码，可以观看本实验的操作视频。
2. 注意事项：①橡筋、弹簧在实验时应避免脱手，以免造成伤害；②力传感器每次使用前，数据要清零。

 ## 实验教学流程

1. 流程图

图 3　教学流程图

2. 流程图说明

（1）情景　提出问题

玩橡筋、弹簧、橡皮泥、海绵、垫板，在教师的引导下，提出"为何橡筋、弹簧被拉长后还会恢复原状"等问题。

（2）活动Ⅰ　体验与交流

观看"变脸"视频，再尝试用多种方法改变橡筋、橡皮泥、海绵、垫板的形状，体验"力可以使物体的形状发生改变"。

（3）活动Ⅱ　实验与分析

动手操作弹性实验装置，借助力传感器，测量橡筋、弹簧在形变前后产生的弹力数据；结合任务单实现数据汇总，分析后归纳得出结论。

 ## 实验活动任务单

1. 活动记录

　　（1）实验猜想：_____。

　　（2）实验方案：

（3）实验数据记录：

形变材料	橡筋		弹簧	
力传感器数据（N）	形变前	形变后	形变前	形变后

（4）实验结论：_____。

2. 实验评价

达成相关活动要求的，请在"达成情况"一栏中填入相应的"☆"数。

活动内容	活动要求	等第标准		达成情况
		☆☆	☆	
作出猜想	① 对形变程度与弹力的关系提出小组猜想 ② 小组的猜想有一定的依据	达成2条	达成1条	
设计方案	① 用文字或符号呈现实验过程 ② 注意实验条件的公平性	达成2条	达成1条	
实验操作	① 按设计方案有序、规范实验 ② 实验结束后，及时整理器材	达成2条	达成1条	
数据分析	① 完整描述数据变化的特点 ② 全面分析数据并得出结论	达成2条	达成1条	

小组得到的星星数：_____颗。（满星为8颗）

（案例实验思路提供者：上海市静安区永兴路第二小学　黄盈秋）

3. 探究弹力大小与形变程度的关系②

 设计背景

本实验选自上海远东出版社出版（简称"沪远东版"）的《自然》三年级第二学期第一单元"常见的力"。本实验用力传感器替代弹簧测力计，配合数据显示模块，可以精准获取弹簧形变过程中的受力数据，便于学生从数据中找到规律并得出科学结论。

 实验教学目标

通过"探究弹力大小与橡筋形变程度的关系"活动，知道物体形状变化的程度越大，产生的弹力越大，提高动手、观察和实验分析等能力。

 实验器材

力传感器，数据显示模块；橡筋，铁架台等。

图1　实验装置图

图2　本实验操作视频

实验操作

1. 观看视频:扫描二维码,可以观看本实验的操作视频。
2. 注意事项:①橡筋在实验时应避免脱手,以免造成伤害;②力传感器每次使用前,数据要清零。

 实验教学流程

1. 流程图

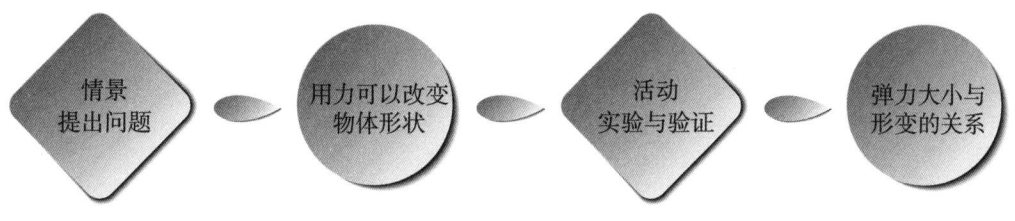

图 3　教学流程图

2. 流程图说明

（1）情景　提出问题

通过玩橡筋,初步熟悉和感知弹力的特点,提出"橡筋的弹力大小和什么有关"的问题。

（2）活动　实验与验证

围绕力传感器和其他实验材料设计实验;借助力传感器,测量橡筋在形状变化时产生的弹力数据,结合任务单实现数据汇总,分析后归纳得出结论。

 实验活动任务单

1. 活动记录

　　（1）实验猜想:_____。

　　（2）实验方案:

（3）实验数据记录：

橡筋形变	拉伸前	拉伸3cm	拉伸5cm	拉伸7cm
力传感器数据（N）				

（4）实验结论：弹性与形变的关系是＿＿＿＿＿＿＿＿＿＿＿＿＿＿＿＿＿。

2. 实验评价

达成相关活动要求的，请在"达成情况"一栏中填入相应的"☆"数。

活动内容	活动要求	等第标准		达成情况
		☆☆	☆	
作出猜想	① 对橡筋弹力大小变化的规律提出小组猜想 ② 小组的猜想有一定的依据	达成2条	达成1条	
设计方案	① 用文字或符号呈现实验过程 ② 注意实验条件的公平性	达成2条	达成1条	
实验操作	① 按设计方案有序、规范实验 ② 实验结束后，及时整理器材	达成2条	达成1条	
数据分析	① 完整描述数据变化的特点 ② 全面分析数据并得出结论	达成2条	达成1条	

小组得到的星星数：＿＿＿＿＿＿颗。（满星为8颗）

4. 探究重力大小和质量的关系

 设计背景

本实验选自沪科教版《自然》三年级第二学期第一单元"常见的力"。本实验用力传感器替代弹簧测力计，配合数据显示模块，可以为实验分析提供直观、准确的重力数据，使实验结论的得出更加科学、严谨。

 实验教学目标

通过"探究重力大小和质量的关系"活动，知道物体的质量越大，所受的重力越大，提高动手、实验分析等能力。

 实验器材

力传感器，数据显示模块；铁架台，相同质量的钩码若干。

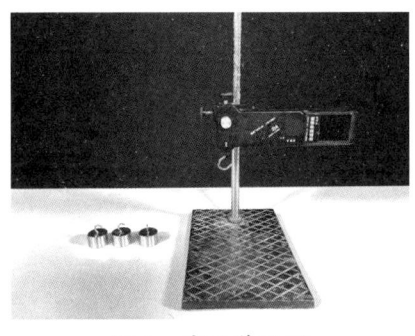

图1　实验装置图

图2　本实验操作视频

 实验操作

1. 观看视频：扫描二维码，可以观看本实验的操作视频。
2. 注意事项：读数时，需在物体完全悬空且数据显示模块示数稳定后，再进行读取。

实验教学流程

1. 流程图

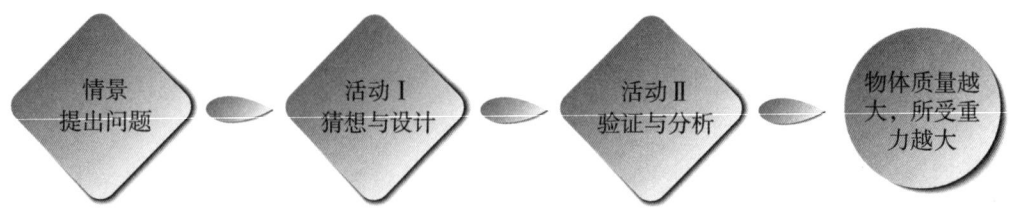

图3　教学流程图

2. 流程图说明

（1）情景　提出问题

通过观察物体掉落，在教师的引导下，建立重力的概念，并提出问题："不同质量的物体受到的重力大小是怎样的？"

（2）活动Ⅰ　猜想与设计

结合生活经验，对重力大小和质量的关系作出猜想；利用力传感器、相同质量的钩码等实验器材设计实验方案。

（3）活动Ⅱ　验证与分析

搭建实验装置并操作传感器，收集实验数据，分析后归纳得出结论。

 实验活动任务单

1. 活动记录

（1）实验猜想：物体的重力大小和质量_____。（选填"有关"或"无关"）

（2）实验方案：

（3）实验数据记录：

钩码个数	质量大小（g）	所受重力大小（N）
1		
2		
3		

（4）实验结论：物体的重力大小和质量_____。（选填"有关"或"无关"）物体的质量_____，所受重力_____。（均选填"越大"或"越小"）

2. 实验评价

达成相关活动要求的，请在"达成情况"一栏中填入相应的"☆"数。

活动内容	活动要求	等第标准		达成情况
		☆☆	☆	
作出猜想	① 对重力大小和质量的关系作出猜想 ② 小组的猜想有一定的依据	达成2条	达成1条	
设计方案	① 用文字或符号呈现实验过程 ② 注意实验条件的公平性	达成2条	达成1条	
实验操作	① 按设计方案有序、规范实验 ② 实验结束后，及时整理器材	达成2条	达成1条	
数据分析	① 完整描述数据变化的特点 ② 全面分析数据并得出结论	达成2条	达成1条	

小组得到的星星数：_____颗。（满星为8颗）

（案例实验思路提供者：上海市西郊学校　黄闫斐、万雅妮）

5. 探究影响摩擦力的因素

 设计背景

本实验选自沪远东版《自然》四年级第二学期第三单元"自然界的力"。本实验用力传感器替代弹簧测力计，配合数据显示模块，可以较为方便、精准地获取不同条件下在摩擦实验轨道上移动滑块时摩擦力大小的数据，帮助学生通过对数据的比较分析，自主归纳得出结论。

 实验教学目标

通过"探究影响摩擦力的因素"活动，知道"接触面的粗糙程度""接触面所受压力的大小""不同材料的接触面"等都会影响摩擦力的大小，提高动手、观察和实验分析等能力。

 实验器材

力传感器，数据显示模块，摩擦力实验器；粗砂纸，配重块等。

图1 实验装置图

图2 本实验操作视频

实验操作

1. 观看视频：扫描二维码，可以观看本实验的操作视频。
2. 注意事项：①每次测量前，先将力传感器数据清零；②摩擦实验轨道安装有小电动机和细线，易损坏，提醒学生小心使用；③在恢复移动滑块至起始位置时，需要轻轻、缓慢地拉动。

 实验教学流程

1. 流程图

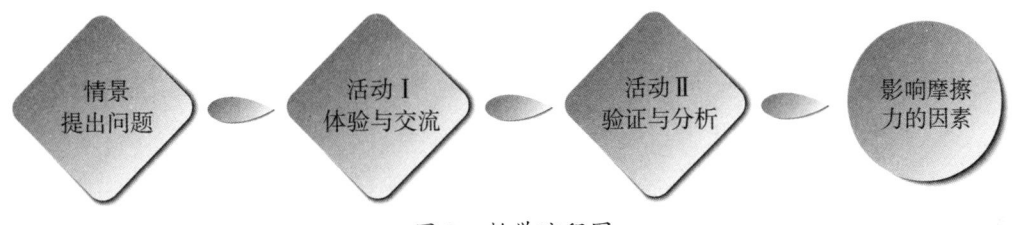

图3 教学流程图

2. 流程图说明

（1）情景 提出问题

通过观察"雪天滑倒""给轴承上润滑油"视频，交流并提出"摩擦力的大小受哪些因素影响"的问题。

（2）活动Ⅰ 体验与交流

通过触摸实验材料等体验方式，结合对摩擦力的已有认知，对影响摩擦的因素作出推测。

（3）活动Ⅱ 验证与分析

利用力传感器、摩擦实验轨道等实验器材设计实验方案，搭建并操作数字化摩擦实验装置，收集实验数据，分析后归纳得出结论。

 实验活动任务单

1. 活动记录

（1）实验猜想：摩擦大小与接触面_____有关。（选填"粗糙程度"或"所受压力"）

（2）实验方案：

（3）实验数据记录：

实验次数	接触面（轨道面—物体底面）	摩擦力（N）
1	绒布—绒布	
2	绒布—金属	
3	粗砂纸—绒布	
4	粗砂纸—金属	

实验次数	物体接触面所受压力	摩擦力（N）
1	1个配重物	
2	2个配重物	
3	3个配重物	
4	4个配重物	

（4）实验结论：摩擦大小与接触面＿＿＿＿有关。（选填"粗糙程度"或"所受压力"）

2. 实验评价

达成相关活动要求的，请在"达成情况"一栏中填入相应的"☆"数。

活动内容	活动要求	等第标准			达成情况
		☆☆☆	☆☆	☆	
设计方案	① 用文字或符号呈现实验过程 ② 注意实验条件的公平性	达成2条	达成1条	/	
实验操作	① 小组成员分工明确 ② 按设计方案有序、规范实验 ③ 实验结束后，及时整理器材	达成3条	达成2条	达成1条	
数据分析	① 完整描述数据变化的特点 ② 全面分析数据并得出结论	达成2条	达成1条	/	

小组得到的星星数：＿＿＿＿颗。（满星为9颗）

6. 探究增大摩擦的方法

设计背景

本实验选自沪远东版《自然》四年级第二学期第三单元"自然界的力"。本实验用力传感器替代弹簧测力计，配合数据显示模块，可以较为方便、精准地获取在摩擦实验轨道上移动滑块时摩擦力大小的数据，帮助学生通过对数据的比较分析，自主归纳得出结论。

实验教学目标

通过"探究增大摩擦的方法"活动，知道"增大接触面的粗糙程度""增大接触面所受压力"等方法可以增大摩擦，提高动手、观察和实验分析等能力。

实验器材

力传感器，数据显示模块，摩擦力实验器；配重块若干。

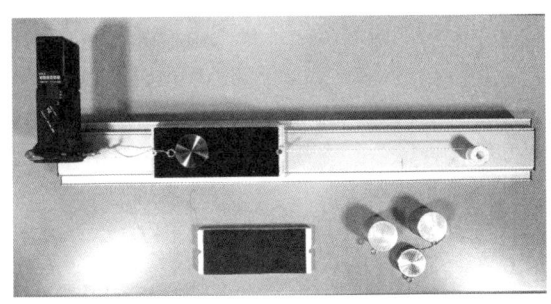

图 1　实验装置图

图 2　本实验操作视频

实验操作

1. 观看视频：扫描二维码，可以观看本实验的操作视频。
2. 注意事项：①每次测量前，先将力传感器数据清零；②摩擦实验轨道安装有小电动机和细线，易损坏，提醒学生小心使用；③在恢复移动滑块至起始位置时，需要轻轻、缓慢地拉动。

实验教学流程

1. 流程图

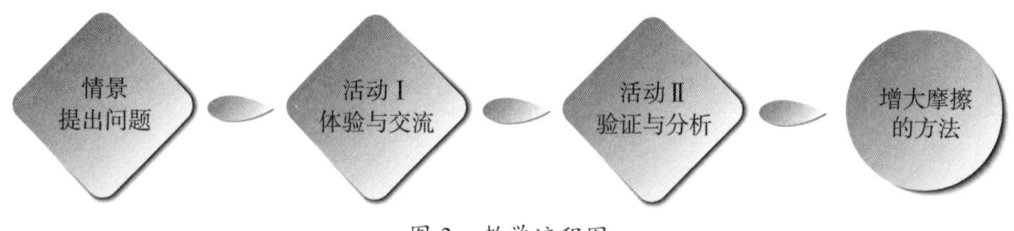

图3　教学流程图

2. 流程图说明

（1）情景　提出问题

通过观察在冰面容易滑倒的动图，交流解决问题的方法，提出"如何增大物体所受的摩擦力"问题。

（2）活动Ⅰ　体验与交流

通过触摸等体验方式，对影响摩擦的可能因素进行讨论。在此基础上，对增大摩擦的方法作出推测。

（3）活动Ⅱ　验证与分析

利用力传感器、摩擦实验轨道等实验器材设计实验方案；搭建并操作数字化摩擦实验装置，收集实验数据，分析后归纳得出结论。

实验活动任务单

1. 活动记录

（1）实验猜想：增大摩擦力的方法与_____有关。（选填"增加接触面的粗糙程度"或"增大接触面所受压力"）

（2）实验方案：

（3）实验数据记录：

实验次数	接触面	摩擦力（N）
1	金属—KT板	
2	绒布—KT板	

实验次数	配重物数量	摩擦力（N）
1	1块配重物	
2	2块配重物	

（4）实验结论：增大摩擦力的方法可能和_____有关。（选填"增加接触面的粗糙程度"或"增大接触面所受压力"）

2. 实验评价

达成相关活动要求的，请在"达成情况"一栏中填入相应的"☆"数。

活动内容	活动要求	等第标准			达成情况
		☆☆☆	☆☆	☆	
作出猜想	① 对增大摩擦力的方法作出猜想 ② 小组的猜想有一定的依据	达成2条	达成1条	/	
设计方案	① 用文字或符号呈现实验过程 ② 注意实验条件的公平性	达成2条	达成1条	/	
实验操作	① 小组成员分工明确 ② 按设计方案有序、规范实验 ③ 实验结束后，及时整理器材	达成3条	达成2条	达成1条	
数据分析	① 完整描述数据变化的特点 ② 全面分析数据并得出结论	达成2条	达成1条	/	

小组得到的星星数：_____颗。（满星为12颗）

7. 探究减小摩擦的方法

 设计背景

本实验选自沪远东版《自然》四年级第二学期第三单元"自然界的力"。本实验用力传感器替代弹簧测力计，配合使用数据显示模块及摩擦实验轨道，可以提高实验的效率，较为方便和精准地获取摩擦力数据，便于学生进行比较、分析，归纳得出结论。

 实验教学目标

通过"探究减小摩擦的方法"活动，知道"使接触面更光滑""减小接触面所受压力"等方法可以减小摩擦，提高动手、观察和实验分析等能力。

 实验器材

力传感器，数据显示模块，摩擦力实验器；配重块若干，爽身粉等。

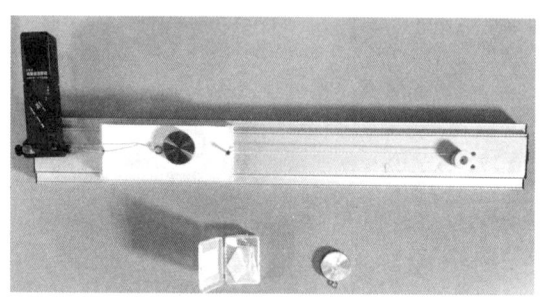

图1　实验装置图

图2　本实验操作视频

 实验操作

1. 观看视频：扫描二维码，可以观看本实验的操作视频。
2. 注意事项：①摩擦实验轨道安装有小电动机和细线，易损坏；②在滑块复位时，需要轻轻、缓慢地拉动。

实验教学流程

1. 流程图

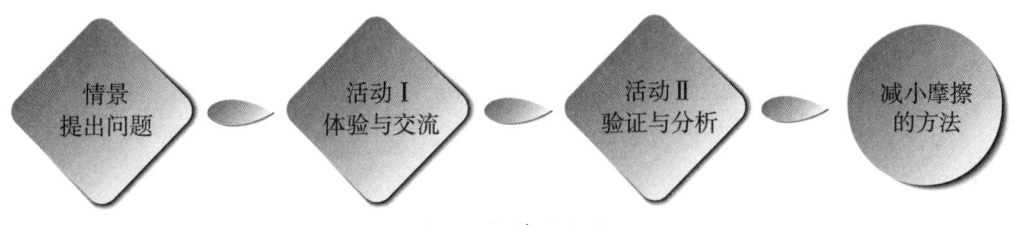

图 3　教学流程图

2. 流程图说明

（1）情景　提出问题

观察"推不动储物架"视频，交流改进的方法，提出"如何减小物体所受摩擦"的问题。

（2）活动Ⅰ　体验与交流

通过"减少负重再次推储物架"等体验方式，结合前面所学知识，对减小摩擦的方法提出猜想。

（3）活动Ⅱ　验证与分析

围绕力传感器、摩擦实验轨道及其他实验器材，设计实验方案。根据实验方案，操作数字化摩擦实验装置，收集实验数据，分析后归纳得出探究的结论。

实验活动任务单

1. 活动记录

（1）实验猜想：减小摩擦力的方法与_____有关。（选填"减小接触面的粗糙程度"或"减小接触面所受压力"）

（2）实验方案：

（3）实验数据记录：

实验次数	接触面	摩擦力（N）
1	布—KT板	
2	布（加爽身粉）—KT板	

实验次数	配重物数量	摩擦力（N）
1	2块配重物	
2	1块配重物	

（4）实验结论：减小摩擦力的方法可能和_____有关。（选填"减小接触面的粗糙程度"或"减小接触面所受压力"）

2. 实验评价

达成相关活动要求的，请在"达成情况"一栏中填入相应的"☆"数。

活动内容	活动要求	等第标准 ☆☆☆	等第标准 ☆☆	等第标准 ☆	达成情况
作出猜想	① 对减小摩擦的方法提出小组的猜想 ② 小组的猜想有一定的依据	达成2条	达成1条	/	
设计方案	① 用文字或符号呈现实验过程 ② 注意实验条件的公平性	达成2条	达成1条	/	
实验操作	① 小组成员分工明确 ② 按设计方案有序、规范实验 ③ 实验结束后，及时整理器材	达成3条	达成2条	达成1条	
数据分析	① 完整描述数据变化的特点 ② 全面分析数据并得出结论	达成2条	达成1条	/	

小组得到的星星数：_____颗。（满星为12颗）

8. 探究影响摩擦生热的因素①

 ## 设计背景

本实验选自沪远东版《自然》四年级第二学期第三单元"自然界的力"。本实验用温度传感器替代传统温度计，配合数据显示模块，可以较为方便、精准地获取温度数据，直观感受到摩擦导致的温度变化。

 ## 实验教学目标

通过"探究摩擦生热的因素"活动，知道物体互相摩擦会产生热量，在摩擦时间、摩擦频率相同的条件下，不同材料产生的热量不一样，提高动手、实验分析等能力。

 ## 实验器材

温度传感器，数据显示模块；尼龙布，法绒布，铁架台，计时用平板电脑等。

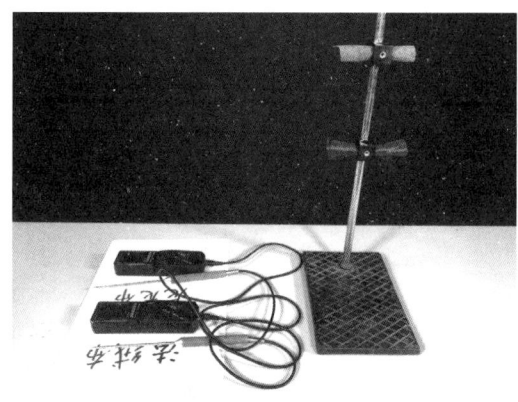

图1　实验装置图

图2　本实验操作视频

实验操作

1. 观看视频：扫描二维码，可以观看本实验的操作视频。
2. 注意事项：①温度传感器探头与后部导线连接处易损坏，提醒学生小心操作；②在开展摩擦运动实验时，需要提前将线材理顺。

 实验教学流程

1. 流程图

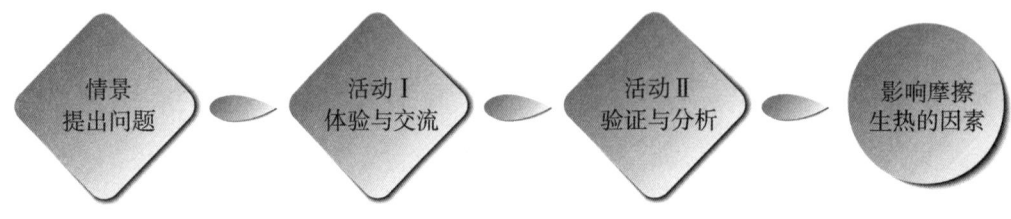

图3　教学流程图

2. 流程图说明

（1）情景　提出问题

通过摩擦手掌，初步感知摩擦会产生热量，提出"摩擦后的掌心有多高温度"的问题。

（2）活动Ⅰ　体验与交流

通过"再次摩擦双手，同时用温度传感器测量掌心温度"的体验方式，对影响摩擦生热的因素作出推测。

（3）活动Ⅱ　验证与分析

利用所提供的实验器材，围绕"材料"这一可能的影响因素设计实验方案。搭建实验装置，操作温度传感器，收集实验数据，分析后归纳得出结论。

 实验活动任务单

1. 活动记录

（1）实验猜想：材料的不同_____影响摩擦生热的因素之一。（选填"是"或"不是"）。

（2）实验方案：

（3）实验数据记录：

实验材料	法绒布	尼龙布
初始温度（℃）		
摩擦10秒后温度（℃）		
温差（℃）		

（4）实验结论：材料的不同_____影响摩擦生热的因素之一。（选填"是"或"不是"）

2. 实验评价

达成相关活动要求的，请在"达成情况"一栏中填入相应的"☆"数。

活动内容	活动要求	等第标准		达成情况
		☆☆	☆	
作出猜想	① 对影响摩擦生热的因素提出小组猜想 ② 小组的猜想有一定的依据	达成2条	达成1条	
实验操作	① 按设计方案有序、规范实验 ② 实验结束后，及时整理器材	达成2条	达成1条	
数据分析	① 完整描述数据变化的特点 ② 全面分析数据并得出结论	达成2条	达成1条	

小组得到的星星数：_____颗。（满星为6颗）

9. 探究影响摩擦生热的因素②

 设计背景

本实验选自沪远东版《自然》四年级第二学期第三单元"自然界的力"。本实验用温度传感器替代传统温度计，配合数据显示模块，可以较为方便、精准地获取温度数据，直观感受到摩擦导致的温度变化。

 实验教学目标

通过"探究影响摩擦生热的因素"活动，知道物体互相摩擦会产生热量，在材料相同、频率相同的情况下，摩擦的时间越长，产生的热量（温度）越高，提高动手、实验分析等能力。

实验器材

温度传感器，数据显示模块；尼龙布，铁架台，计时用平板电脑等。

图1 实验装置图

图2 本实验操作视频

实验操作

1. 观看视频：扫描二维码，可以观看本实验的操作视频。
2. 注意事项：①温度传感器探头与后部导线连接处易损坏，提醒学生小心操作；②在开展摩擦运动实验时，需要提前将线材理顺。

 实验教学流程

1. 流程图

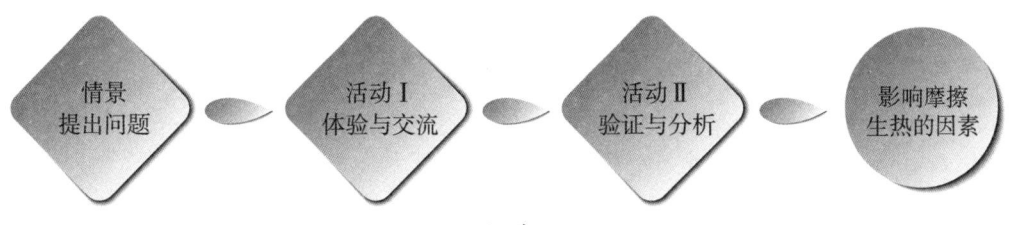

图 3　教学流程图

2. 流程图说明

（1）情景　提出问题

通过摩擦手掌，初步感知摩擦会产生热量，提出"摩擦后掌心的温度有多高"的问题。

（2）活动Ⅰ　体验与交流

通过"再次摩擦双手，同时用温度传感器测量掌心温度"的体验方式，对影响摩擦生热的因素作出推测。

（3）活动Ⅱ　验证与分析

利用所提供的实验器材，围绕"摩擦时间"这一可能的影响因素设计实验方案。搭建实验装置，操作温度传感器，收集实验数据，分析后归纳得出结论。

 实验活动任务单

1. 活动记录

（1）实验猜想：摩擦时间的长短_____影响摩擦生热的因素之一。（选填"是"或"不是"）

（2）实验方案：

(3) 实验数据记录：

实验时间	温度（℃）	温差（℃）
初始温度（℃）		
摩擦 15 秒后		

实验时间	温度（℃）	温差（℃）
初始温度（℃）		
摩擦 30 秒后		

(4) 实验结论：摩擦时间的长短_____影响摩擦生热的因素之一。（选填"是"或"不是"）

2. 实验评价

达成相关活动要求的，请在"达成情况"一栏中填入相应的"☆"数。

活动内容	活动要求	等第标准		达成情况
		☆☆	☆	
设计方案	① 用文字或符号呈现实验过程 ② 注意实验条件的公平性	达成2条	达成1条	
实验操作	① 按设计方案有序、规范实验 ② 实验结束后，及时整理器材	达成2条	达成1条	
数据分析	① 完整描述数据变化的特点 ② 全面分析数据并得出结论	达成2条	达成1条	

小组得到的星星数：_____颗。（满星为 6 颗）

10. 探究杠杆的特点

设计背景

本实验选自上海教育出版社出版（简称"沪教版"）的《科学与技术》四年级第二学期第五单元"自行车与起重机"。本实验用力传感器代替传统的弹簧测力计，配合平衡尺与数据显示模块，既解决弹簧测力计倒置使用时数据不准的问题，又能方便、精准地测得实验数据，便于学生分析，提高了实验效率。

实验教学目标

通过"探究杠杆的特点"活动，知道杠杆能否省力与支点的位置有关，具有注重证据、合理判断的意识。

实验器材

力传感器，数据显示模块；平衡尺，钩码等。

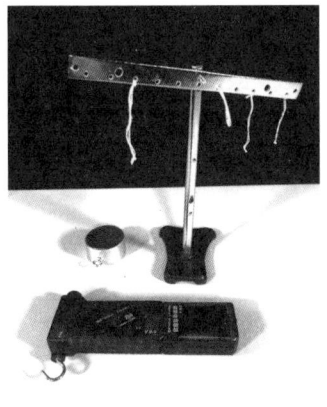

图1　实验装置图

图2　本实验操作视频

实验操作

1. 观看视频：扫描二维码，可以观看本实验的操作视频。
2. 注意事项：①测量前，先将力传感器数据清零；②测量时，应始终保持力传感器挂钩与杠杆垂直。

 实验教学流程

1. 流程图

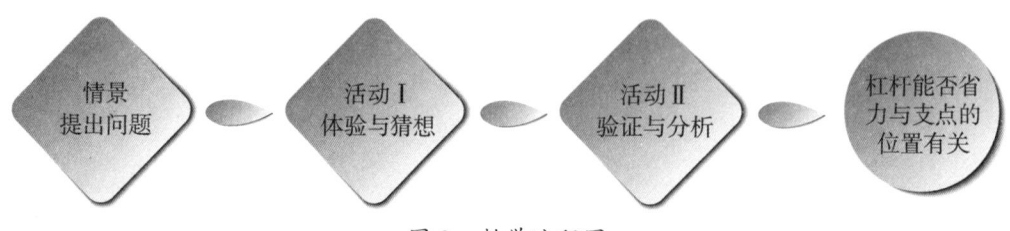

图3　教学流程图

2. 流程图说明

（1）情景　提出问题

通过"超市长棍挑重物"活动，发现原来杠杆不一定能省力，提出"杠杆能否省力与哪些因素有关"的问题。

（2）活动Ⅰ　体验与猜想

再次体验"长棍挑重物"活动，结合生活经验，作出"杠杆能不能省力与支点的位置有关"的猜想。

（3）活动Ⅱ　验证与分析

利用钩码、力传感器、平衡尺等实验器材设计实验方案。操作力传感器，检测为使平衡尺达到平衡，不同位置所需力的大小，收集实验数据，分析得出实验结论。

 实验活动任务单

1. 活动记录

（1）实验猜想：为使平衡尺达到平衡，平衡尺另一端不同位置所需力的大小_____。（选填"相同"或"不同"）

（2）实验方案：

（3）实验数据记录：

平衡尺固定端重物所产生的力（N）	使平衡尺平衡所需的力（N）		
	A点	B点	C点

（4）实验结论：为使平衡尺达到平衡，平衡尺另一端不同位置所需力的大小_____。（选填"相同"或"不同"）

2. 实验评价

达成相关活动要求的，请在"达成情况"一栏中填入相应的"☆"数。

活动内容	活动要求	等第标准		达成情况
		☆☆	☆	
作出猜想	① 能对杠杆省力条件和支点位置作出猜想 ② 小组的猜想有一定的依据	达成2条	达成1条	
设计方案	① 积极参与讨论实验方案设计 ② 用文字或符号呈现实验过程	达成2条	达成1条	
实验操作	① 能按设计方案合作完成实验操作 ② 操作规范，实验结束后，及时整理器材	达成2条	达成1条	
数据分析	① 完整描述数据变化的特点 ② 全面分析数据并得出结论	达成2条	达成1条	

小组得到的星星数：_____颗。（满星为8颗）

（案例实验思路提供者：上海市杨浦区建设小学　朱优琴）

11. 探究定滑轮的特点

 设计背景

本实验选自沪科教版《自然》五年级第二学期第一单元"简单机械"。本实验用力传感器代替传统的弹簧测力计,配合数据显示模块,能更快捷、方便、精准地收集实验数据,提高实验效率。

 实验教学目标

通过"探究定滑轮的特点"活动,知道定滑轮可以改变用力方向,但不能省力,提升基于实验现象与数据进行分析的能力。

 实验器材

力传感器,数据显示模块;铁架台,滑轮,绳子,钩码等。

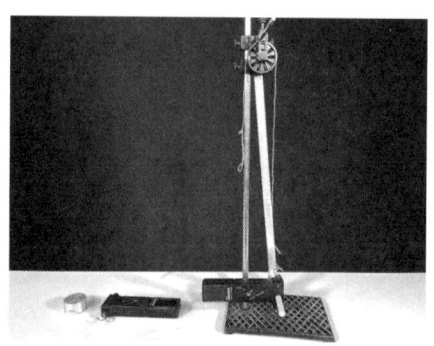

图1　实验装置图

图2　本实验操作视频

 实验操作

1. 观看视频:扫描二维码,可以观看本实验的操作视频。
2. 注意事项:①测量前,先将力传感器数据清零;②测量时,要待数据稳定后再记录数据。

实验教学流程

1. 流程图

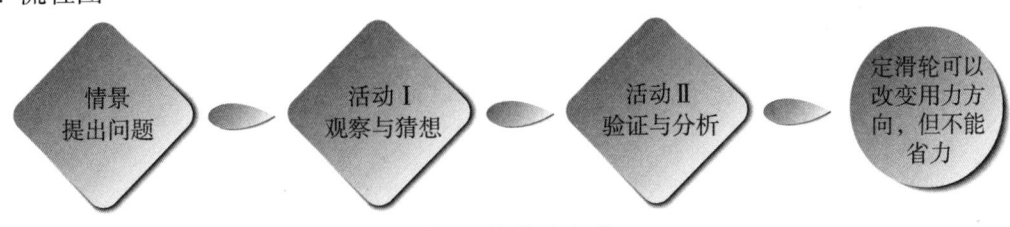

图 3　教学流程图

2. 流程图说明

（1）情景　提出问题

通过体验拼搭，发现定滑轮的用途，提出"定滑轮能否省力"的问题。

（2）活动Ⅰ　观察与猜想

观察定滑轮装置中滑轮所在的位置及工作时的状态，对定滑轮的使用效果作出猜想。

（3）活动Ⅱ　验证与分析

根据力传感器、滑轮、铁架台、钩码等实验器材，设计实验方案。搭建并操作定滑轮实验装置，借助力传感器检测定滑轮的使用效果，收集实验数据，分析得出实验结论。

 实验活动任务单

1. 活动记录

（1）实验猜想：使用定滑轮＿＿＿＿＿＿＿省力。（选填"可以"或"不可以"）

（2）实验方案：

（3）实验数据记录：

提升物体的方法	不使用滑轮	使用定滑轮
用力方向		
用力大小（N）		

（4）实验结论：我们发现使用定滑轮_____省力，但是_____改变用力方向。（均选填"可以"或"不可以"）

2. 实验评价

达成相关活动要求的，请在"达成情况"一栏中填入相应的"☆"数。

活动内容	活动要求	等第标准 ☆☆☆	等第标准 ☆☆	等第标准 ☆	达成情况
作出猜想	① 能对定滑轮的使用效果作出猜想 ② 小组的猜想有一定的依据	达成2条	达成1条	/	
设计方案	① 积极参与讨论实验方案设计 ② 用文字或符号呈现实验过程	达成2条	达成1条	/	
实验操作	① 小组成员分工明确 ② 能按设计方案合作完成实验操作 ③ 操作规范，实验结束后，及时整理器材	达成3条	达成2条	达成1条	
数据分析	① 完整描述数据变化的特点 ② 全面分析数据并得出结论	达成2条	达成1条	/	

小组得到的星星数：_____颗。（满星为12颗）

（案例实验思路提供者：上海市虹口区广灵路小学　陈婷婷，上外—黄浦外国语小学　奚悦）

12. 探究动滑轮的特点

 ### 设计背景

本实验选自沪科教版《自然》五年级第二学期第一单元"简单机械"。本实验用力传感器代替传统的弹簧测力计,配合数据显示模块,能更快捷、方便、精准地收集实验数据,提高实验效率。

实验教学目标

通过"探究动滑轮的特点"活动,知道动滑轮不能改变用力方向,但是可以省力,提升基于实验现象与数据进行分析的能力。

 ### 实验器材

力传感器,数据显示模块;铁架台,滑轮,绳子,钩码等。

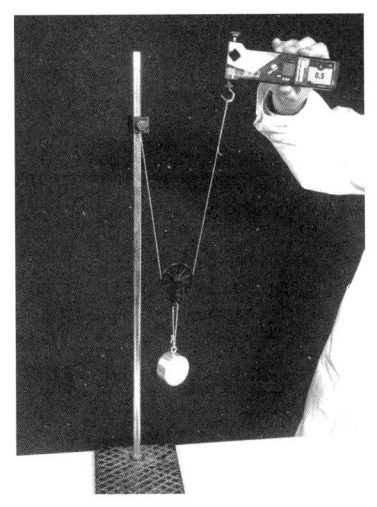

图1 实验装置图

图2 本实验操作视频

实验操作

1. 观看视频：扫描二维码，可以观看本实验的操作视频。
2. 注意事项：①测量前，先将力传感器数据清零；②测量时，用力要均匀，要在重物匀速上升的过程中测出数据。

 实验教学流程

1. 流程图

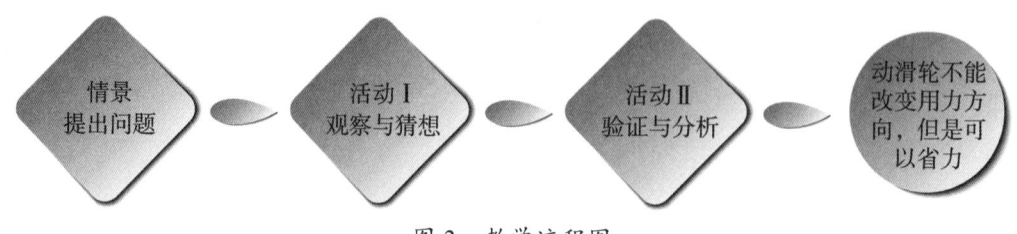

图 3　教学流程图

2. 流程图说明

（1）情景　提出问题

在对定滑轮特点有所认识的基础上，通过对比拼搭，发现定滑轮与动滑轮结构的区别，提出"动滑轮能否省力"的问题。

（2）活动Ⅰ　观察与猜想

观察动滑轮装置中，滑轮所在的位置及工作时的状态，结合动滑轮拼搭的结构特点对其使用效果作出猜想。

（3）活动Ⅱ　验证与分析

根据力传感器、滑轮、铁架台、钩码等设计实验方案。搭建并操作动滑轮实验装置，借助力传感器检测动滑轮的使用效果，收集实验数据，分析得出实验结论。

 实验活动任务单

1. 活动记录

（1）实验猜想：使用动滑轮_____省力，但_____改变用力方向。（均选填"可以"或"不可以"）

（2）实验方案：

（3）实验数据记录：

提升物体的方法	不使用滑轮	使用动滑轮
用力方向		
用力大小（N）		

（4）实验结论：我们发现使用动滑轮_____省力，但_____改变用力方向。（均选填"可以"或"不可以"）

2. 实验评价

达成相关活动要求的，请在"达成情况"一栏中填入相应的"☆"数。

活动内容	活动要求	等第标准			达成情况
		☆☆☆	☆☆	☆	
作出猜想	① 能对动滑轮的使用效果作出猜想 ② 小组的猜想有一定的依据	达成2条	达成1条	/	
设计方案	① 积极参与讨论实验方案设计 ② 用文字或符号呈现实验过程	达成2条	达成1条	/	
实验操作	① 小组成员分工明确 ② 能按设计方案合作完成实验操作 ③ 操作规范，实验结束后，及时整理器材	达成3条	达成2条	达成1条	
数据分析	① 完整描述数据变化的特点 ② 全面分析数据并得出结论	达成2条	达成1条	/	

小组得到的星星数：_____颗。（满星为12颗）

（案例实验思路提供者：上海市虹口区广灵路小学　陈婷婷，
上外—黄浦外国语小学　奚悦）

13. 探究影响水的压强大小的因素

 设计背景

本实验选自沪科教版《自然》三年级第二学期第七单元"水和空气的压力"。本实验用相对压强传感器替代扎有橡胶薄膜的塑料瓶，配合数据显示模块，将视觉观察转化为精确的数字，可以快速、直观、精确地获取水的压强数据，使实验结论的得出更具说服力。

 实验教学目标

通过"探究影响水的压强大小的因素"活动，知道物体在水中会受到来自四面八方的压强，水的压强大小与水的深浅有关，提高动手、观察、实验分析等能力。

 实验器材

相对压强传感器，数据显示模块；装有水的烧杯，铁架台，升降平台等。

图 1　实验装置图　　　图 2　本实验操作视频

实验操作

1. 观看视频:扫描二维码,可以观看本实验的操作视频。
2. 注意事项:测量时,取压口在传感器顶端。

 ## 实验教学流程

1. 流程图

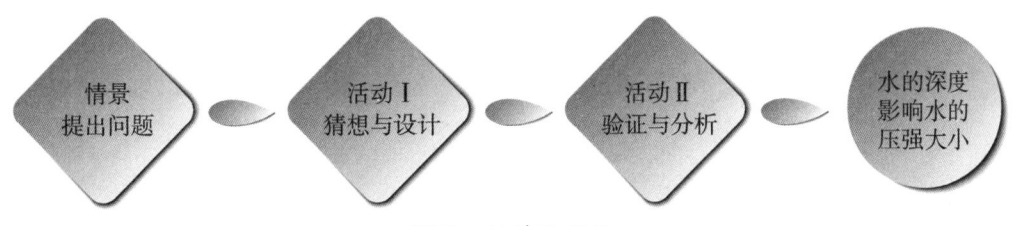

图 3　教学流程图

2. 流程图说明

（1）情景　提出问题

通过"佩戴一次性手套伸入水中玩"的体验活动,提出"水的压强大小与哪些因素有关"的问题。

（2）活动Ⅰ　猜想与设计

结合体验活动和日常生活经验,对影响水的压强大小的因素作出猜想。利用相对压强传感器、升降平台等实验器材设计实验方案。

（3）活动Ⅱ　验证与分析

搭建并操作实验装置,收集实验数据,分析后归纳得出探究的结论。

 ## 实验活动任务单

1. 活动记录

（1）实验猜想:水的压强和水的深度＿＿＿＿。（选填"有关"或"无关"）

（2）实验方案:

（3）实验数据记录：

实验次数	深度	水的压强（kPa）
1	A	
2	B	
3	C	

（4）实验结论：水的压强和水的深度_____（选填"有关"或"无关"）。深度_____（选填"越深"或"越浅"），水的压强_____（选填"越大"或"越小"）。

2. **实验评价**

达成相关活动要求的，请在"达成情况"一栏中填入相应的"☆"数。

活动内容	活动要求	等第标准 ☆☆☆	等第标准 ☆☆	等第标准 ☆	达成情况
作出猜想	① 对影响水的压强大小的因素作出猜想 ② 小组的猜想有一定的依据	达成2条	达成1条	/	
设计方案	① 用文字或符号呈现实验过程 ② 注意实验条件的公平性	达成2条	达成1条	/	
实验操作	① 小组成员分工明确 ② 按设计方案有序、规范实验 ③ 实验结束后，及时整理器材	达成3条	达成2条	达成1条	
数据分析	① 完整描述数据变化的特点 ② 全面分析数据并得出结论	达成2条	达成1条	/	

小组得到的星星数：_____颗。（满星为12颗）

（案例实验思路提供者：上海市金山区石化第五小学　刘莹）

14. 探究物体在空气中所受浮力与体积的关系

 设计背景

本实验选自沪科教版《自然》四年级第二学期第五单元"沉与浮"。本实验用力传感器替代传统玻璃装置，配合数据显示模块，使原本不易感知到的空气的浮力变得直观可测，且实验数据的收集更加快速、准确，方便学生借助数据自主分析实验现象。

实验教学目标

通过"探究物体在空气中所受浮力与体积的关系"的活动，知道物体的体积变大，受到的空气浮力也变大，提高动手、分析推理等能力。

 实验器材

力传感器，数据显示模块；装有小苏打的气球，装有白醋的塑料瓶，铁架台，细线等。

图 1　实验装置图

图 2　本实验操作视频

实验操作

1. 观看视频：扫描二维码，可以观看本实验的操作视频。
2. 注意事项：读数时，要在气球鼓起且处于稳定状态下读取。

 实验教学流程

1. 流程图

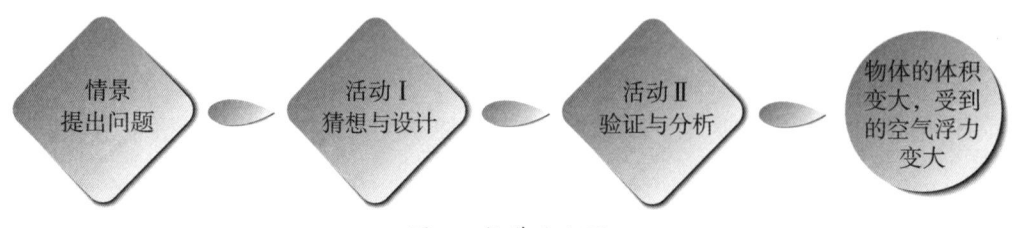

图 3　教学流程图

2. 流程图说明

（1）情景　提出问题

通过"奇妙的气球"活动，提出"物体在空气中所受浮力与体积有什么关系"的问题。

（2）活动Ⅰ　猜想与设计

回顾"影响水的浮力大小的因素"相关知识，对物体在空气中所受浮力与体积的关系作出猜想。利用力传感器、塑料瓶、气球等实验器材设计实验方案。

（3）活动Ⅱ　验证与分析

搭建并操作实验装置，收集实验数据，分析后归纳得出结论。

 实验活动任务单

1. 活动记录

（1）实验猜想：物体的体积_____，受到空气的浮力_____。（均选填"越大"或"越小"）

（2）实验方案：

（3）实验数据记录：

	气球膨胀前数据	气球膨胀后数据
力传感器数据（N）		

（4）实验结论：物体的体积_____，受到空气的浮力_____。（均选填"越大"或"越小"）

2. 实验评价

达成相关活动要求的，请在"达成情况"一栏中填入相应的"☆"数。

活动内容	活动要求	等第标准		达成情况
		☆☆	☆	
作出猜想	① 对物体在空气中所受浮力与体积的关系作出猜想 ② 小组的猜想有一定的依据	达成 2条	达成 1条	
设计方案	① 用文字或符号呈现实验过程 ② 注意实验条件的公平性	达成 2条	达成 1条	
实验操作	① 按设计方案有序、规范实验 ② 实验结束后，及时整理器材	达成 2条	达成 1条	
数据分析	① 完整描述数据变化的特点 ② 全面分析数据并得出结论	达成 2条	达成 1条	

小组得到的星星数：_____颗。（满星为8颗）

（案例实验思路提供者：上海市徐汇区高安路第一小学　杨晓旭）

15. 探究水的浮力

 设计背景

本实验选自沪教版《科学与技术》三年级第二学期第五单元"浮力的研究"。本实验用力传感器替代弹簧测力计,配合使用数据显示模块及浮力实验组件,可以提高实验的效率,较为方便和精准地获取实验的数据,便于学生进行比较、分析,归纳得出结论。

 实验教学目标

通过"探究水的浮力"活动,知道浸没在水里的物体会受到浮力作用,提高动手、观察和实验分析等能力。

 实验器材

力传感器,数据显示模块;烧杯,水,钩码,铁架台,升降平台等。

图1　实验装置图

图2　本实验操作视频

 实验操作

1. 观看视频:扫描二维码,可以观看本实验的操作视频。

2. 注意事项：①力传感器每次使用前数据要清零；②升降平台调整高度时，用力要轻缓。

实验教学流程

1. 流程图

图3　教学流程图

2. 流程图说明

（1）情景　提出问题

通过用手按压水中的泡沫块，使泡沫块呈现"浮在水面""压入水中"两种不同的状态，提出"浮力是否有大小、方向"的问题。

（2）活动　实验与分析

利用力传感器、升降平台等实验器材设计实验方案。根据实验方案，操作力传感器，分别测量钩码在空气中和水中受到的力，收集实验数据，分析得出实验结论。

实验活动任务单

1. 活动记录

（1）实验猜想：浸在水里的物体_____受到浮力。（选填"会"或"不会"）

（2）实验方案：

（3）实验数据记录：

实验环境	在空气中	浸在水中
钩码受到的力（N）		

（4）实验结论：浸在水里的物体_____受到浮力。（选填"会"或"不会"）

2. 实验评价

达成相关活动要求的，请在"达成情况"一栏中填入相应的"☆"数。

活动内容	活动要求	等第标准		达成情况
		☆☆	☆	
作出猜想	① 对浮力的大小、方向提出小组猜想 ② 小组的猜想有一定的依据	达成2条	达成1条	
设计方案	① 用文字或符号呈现实验过程 ② 注意实验条件的公平性	达成2条	达成1条	
实验操作	① 按设计方案有序、规范实验 ② 实验结束后，及时整理器材	达成2条	达成1条	
数据分析	① 完整描述数据变化的特点 ② 全面分析数据并得出结论	达成2条	达成1条	

小组得到的星星数：_____颗。（满星为8颗）

（案例实验思路提供者：上海市杨浦区政立路第二小学　龚燕）

16. 探究物体在水中沉与浮的原因

 设计背景

本实验选自沪教版《科学与技术》三年级第二学期第五单元"浮力的研究"。本实验用力传感器替代弹簧测力计,可以较为方便、精准地获取实验数据,便于学生进行比较、分析,归纳得出结论。

 实验教学目标

通过"探究物体在水中沉与浮的原因"活动,知道物体浸没在水中的部分越多,受到的浮力越大,提高实验设计与分析能力。

 实验器材

力传感器,数据显示模块;装有水的烧杯,50g 钩码(重物),铁架台,升降平台等。

图1 实验装置图

图2 本实验操作视频

 实验操作

1. 观看视频:扫描二维码,可以观看本实验的操作视频。

2. 注意事项：①力传感器每次使用前数据要清零；②升降平台在调整高度时，用力要轻缓；③数据显示模块上的示数需稳定后才能读取。

实验教学流程

1. 流程图

图 3　教学流程图

2. 流程图说明

（1）情景　提出问题

观察玻璃瓶在水中沉浮的现象，提出"物体在水中的沉或浮与什么有关"的问题并作出猜想。

（2）活动　实验与分析

利用力传感器、钩码、升降平台设计实验方案。操作升降平台，测量钩码在空气中以及水中不同位置受到的力的大小，收集实验数据并计算出各位置所受浮力的大小，分析后归纳得出结论。

实验活动任务单

1. 活动记录

（1）实验猜想：物体在水中浸没的部分越多，受到水的浮力_____。（选填"越大"或"越小"）

（2）实验方案：

（3）实验数据记录：

50g 钩码的位置	空气中	一半浸没水中	完全浸没水中
力传感器数据（N）			
钩码所受浮力（N）			

（4）实验结论：物体在水中浸没的部分越多，受到水的浮力_____。（选填"越大"或"越小"）

2. 实验评价

达成相关活动要求的，请在"达成情况"一栏中填入相应的"☆"数。

活动内容	活动要求	等第标准 ☆☆	等第标准 ☆	达成情况
作出猜想	① 对影响物体在水中沉与浮的可能原因作出猜想 ② 小组的猜想有一定的依据	达成2条	达成1条	
设计方案	① 用文字或符号呈现实验过程 ② 注意实验条件的公平性	达成2条	达成1条	
实验操作	① 按设计方案有序、规范实验 ② 实验结束后，及时整理器材	达成2条	达成1条	
数据分析	① 完整描述数据变化的特点 ② 全面分析数据并得出结论	达成2条	达成1条	

小组得到的星星数：_____颗。（满星为8颗）

（案例实验思路提供者：上海市徐汇区高安路第一小学 骆晨）

酸和碱

17. 测定物质的酸性

 设计背景

本实验选自沪远东版《自然》五年级第一学期第四单元"常见的化学物质"。本实验用 pH 传感器替代各类酸碱指示剂或广泛 pH 试纸，配合数据显示模块，可以简单、快速、直观、精确地获得检测数据，将实验由定性探究提升为定量探究，拓宽学生的学习途径。

 实验教学目标

通过"测定物质的酸性"活动，知道不同酸性溶液的酸性有强弱，提高动手、观察和实验分析等能力。

 实验器材

pH 传感器，数据显示模块；试管架，柠檬汁，白醋，碳酸饮料，试管，蒸馏水，护目镜，手套，滤纸，洗瓶和水槽等。

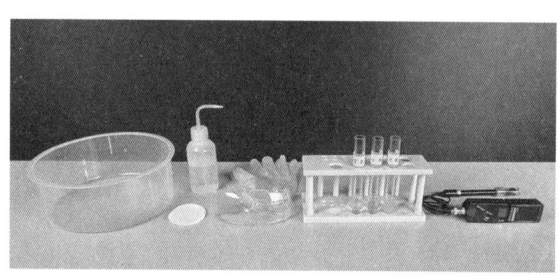

图 1　实验装置图

图 2　本实验操作视频

 实验操作

1. 观看视频：扫描二维码，可以观看本实验的操作视频。
2. 注意事项：①测量时，为防止液体飞溅，需要佩戴护目镜和手套；②再次测量前，需用装有蒸馏水的洗瓶清洗电极，用滤纸充分吸掉玻璃电极上的水；③冲洗时，注意流水的收集。

 实验教学流程

1. 流程图

图3 教学流程图

2. 流程图说明

（1）情景 提出问题

白醋、柠檬汁、碳酸饮料都是酸性溶液吗？如果是，它们的酸性强弱一样吗？

（2）活动 实验与交流

根据实验器材，设计实验方案。在教师的引导下，关注玻璃电极的清洗和吸水这两个关键环节，保证实验数据的准确性。借助pH传感器分别测量并记录白醋、柠檬汁、碳酸饮料的pH，分析后归纳得出探究的结论。

 实验活动任务单

1. 活动记录

（1）实验猜想：酸性由强到弱的排列顺序为_____、_____、_____。

（2）实验数据记录：

材料	白醋	柠檬汁	碳酸饮料
pH			

（注：为保证实验数据的准确性，可重复测量多次）

（3）实验结论：酸性由强到弱的排列顺序为_____、_____、_____。

2. 实验评价

达成相关活动要求的，请在"达成情况"一栏中填入相应的"☆"数。

活动内容	活动要求	等第标准			达成情况
		☆☆☆	☆☆	☆	
作出猜想	① 对溶液的酸性强弱提出猜想 ② 小组的猜想有一定的依据	达成2条	达成1条	/	
实验操作	① 小组成员分工明确 ② 按设计方案有序、规范实验 ③ 实验结束后，及时整理器材	达成3条	达成2条	达成1条	
数据分析	① 完整描述数据变化的特点 ② 全面分析数据并得出结论	达成2条	达成1条	/	

小组得到的星星数：_____颗。（满星为9颗）

18. 测定物质的碱性

 ## 设计背景

本实验选自沪远东版《自然》五年级第一学期第四单元"常见的化学物质"。本实验用 pH 传感器替代各类酸碱指示剂或广泛 pH 试纸,配合数据显示模块,可以简单、快速、直观、精确地获得检测数据,将实验由定性探究提升为定量探究,拓宽学生的学习途径。

 ## 实验教学目标

通过"测定物质的碱性"活动,知道不同碱性溶液的碱性有强弱,提高动手、观察和实验分析等能力。

 ## 实验器材

pH 传感器,数据显示模块;试管架,洗洁精溶液,小苏打溶液,果蔬洗涤剂,试管,蒸馏水,护目镜,手套,滤纸,洗瓶和水槽等。

图 1 实验装置图

图 2 本实验操作视频

 ## 实验操作

1. 观看视频:扫描二维码,可以观看本实验的操作视频。
2. 注意事项:①测量时,为防止液体飞溅,需要佩戴护目镜和手套;②再次测量前，需用装有蒸馏水的清洗瓶清洗电极，用滤纸充分吸掉玻璃电极上的水；③冲洗时，注意流水的收集。

 实验教学流程

1. 流程图

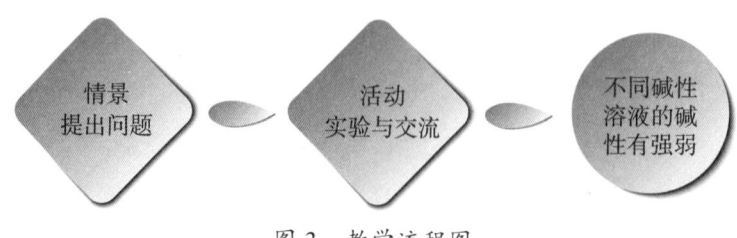

图3　教学流程图

2. 流程图说明

（1）情景　提出问题

洗洁精溶液、小苏打溶液、果蔬洗涤剂都是碱性溶液吗？如果是，它们的碱性强弱一样吗？

（2）活动　实验与交流

根据实验器材，设计实验方案。在教师的引导下，关注玻璃电极的清洗和吸水这两个关键环节，保证实验数据的准确性。借助pH传感器分别测量并记录洗洁精溶液、小苏打溶液、果蔬洗涤剂的pH，分析后归纳得出探究的结论。

 实验活动任务单

1. 活动记录

（1）实验猜想：碱性由强到弱的排列顺序为_____、_____、_____。

（2）实验数据记录：

材料	洗洁精溶液	小苏打溶液	果蔬洗涤剂
pH			

（3）实验结论：碱性由强到弱的排列顺序为_____、_____、_____。

2. 实验评价

达成相关活动要求的，请在"达成情况"一栏中填入相应的"☆"数。

活动内容	活动要求	等第标准			达成情况
		☆☆☆	☆☆	☆	
作出猜想	① 对溶液的碱性强弱提出猜想 ② 小组的猜想有一定的依据	达成2条	达成1条	/	
实验操作	① 小组成员分工明确 ② 按设计方案有序、规范实验 ③ 实验结束后，及时整理器材	达成3条	达成2条	达成1条	
数据分析	① 完整描述数据变化的特点 ② 全面分析数据并得出结论	达成2条	达成1条	/	

小组得到的星星数：_____颗。（满星为9颗）

19. 比较白醋和小苏打水的酸碱性

 设计背景

本实验选自沪远东版《自然》五年级第一学期第四单元"常见的化学物质"。本实验用 pH 传感器替代各类酸碱指示剂或广泛 pH 试纸，配合数据显示模块，可以快速、直观、精确地获得不同溶液的 pH，便于学生分析后归纳得出实验结论。

 实验教学目标

通过"比较白醋和小苏打水的酸碱性"活动，知道不同溶液有不同的酸碱性，感受科学技术的发展对于科学探究活动的积极作用。

 实验器材

pH 传感器，数据显示模块；试管架，试管，白醋，小苏打水，护目镜，手套，滤纸，蒸馏水，洗瓶和水槽等。

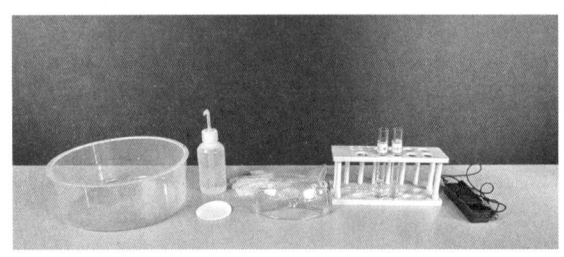

图1 实验装置图

图2 本实验操作视频

 实验操作

1. 观看视频：扫描二维码，可以观看本实验的操作视频。
2. 注意事项：①测量时，为防止液体飞溅，需要佩戴护目镜和手套；②再次测量前,需用装有蒸馏水的清洗瓶清洗电极,用滤纸充分吸掉玻璃电极上的水;③冲洗时,注意流水的收集。

 实验教学流程

1. 流程图

图3 教学流程图

2. 流程图说明

(1) 情景 提出问题

白醋和小苏打水两种溶液按酸碱性分,它们属于同一类吗?它们的酸碱性怎么判断?

(2) 活动 交流与实验

对"如何判断溶液的酸碱性"作出猜测并交流。根据提供的实验器材,设计实验方案,并借助pH传感器科学、规范地动手操作,以获取白醋和小苏打水两种溶液准确的pH,分析后归纳得出结论。

 实验活动任务单

1. 活动记录

　　(1) 实验猜想:_____。
　　(2) 实验方案:

（3）实验数据记录：

溶液	白醋	小苏打水
pH		

（4）实验结论：不同的溶液_____不同的酸碱性。（选填"有"或"没有"）

2. 实验评价

达成相关活动要求的，请在"达成情况"一栏中填入相应的"☆"数。

活动内容	活动要求	等第标准			达成情况
		☆☆☆	☆☆	☆	
设计方案	① 能用文字或符号呈现实验过程 ② 要注意实验条件的公平性	达成2条	达成1条	/	
实验操作	① 小组成员分工明确 ② 能按设计方案有序、规范实验 ③ 实验结束后，及时整理器材	达成3条	达成2条	达成1条	
数据分析	① 完整描述数据变化的特点 ② 全面分析数据并得出结论	达成2条	达成1条	/	

小组得到的星星数：_____颗。（满星为9颗）

（案例实验思路提供者：上海市青浦佳禾小学　朱磊、陆志红、钱享栋）

20. 探究酸碱中和现象

设计背景

本实验选自沪远东版《自然》五年级第一学期第四单元"常见的化学物质"。本实验用 pH 传感器替代各类酸碱指示剂或广泛 pH 试纸，配合数据显示模块，可以快速、直观、精确地获得酸性溶液和碱性溶液在混合前后溶液 pH 的数据变化，将实验由定性研究提升为定量探究，在拓宽学生学习思路的同时，也便于分析归纳实验结论。

实验教学目标

通过"探究酸碱中和现象"活动，知道酸性溶液和碱性溶液混合后，溶液的 pH 会变化，提高动手、实验分析等能力。

实验器材

pH 传感器，数据显示模块；白醋，小苏打水，烧杯，蒸馏水，洗瓶，试管，试管架，护目镜，手套和水槽等。

图1　实验装置图

图2　本实验操作视频

实验操作

1. 观看视频：扫描二维码，可以观看本实验的操作视频。

2. 注意事项：①测量时，为防止液体飞溅，需要佩戴护目镜和手套；②再次测量前，需用装有蒸馏水的清洗瓶清洗电极，用滤纸充分吸掉玻璃电极上的水；③冲洗时，注意流水的收集。

实验教学流程

1. 流程图

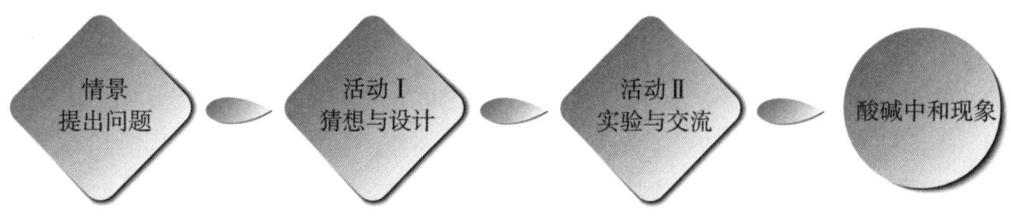

图 3　教学流程图

2. 流程图说明

（1）情景　提出问题

思考酸性溶液和碱性溶液混合在一起后可能会发生什么现象，提出"如何检测酸碱混合后的结果"的问题。

（2）活动 I　猜测与设计

猜测酸性溶液和碱性溶液混合后的结果。结合提供的实验器材，设计实验方案。在教师的引导下，关注玻璃电极的清洗和吸水这两个关键环节，保证实验数据的准确性。

（3）活动 II　实验与交流

按照设计方案和实验注意事项，借助 pH 传感器，分别测量并记录酸碱溶液混合前后的 pH，分析后归纳得出结论。

实验活动任务单

1. 活动记录

（1）实验猜想：酸和碱混合后，溶液的 pH _____ 改变。（选填"会"或"不会"）

（2）实验方案：

（3）实验数据记录：

材料	20mL 白醋		20mL 小苏打水	
原 pH				
实验内容	加 10mL 小苏打水	加 20mL 小苏打水	加 10mL 白醋	加 20mL 白醋
混合后的 pH				

（4）实验结论：酸和碱混合后，溶液的 pH _____ 改变。（选填"会"或"不会"）

2. 实验评价

达成相关活动要求的，请在"达成情况"一栏中填入相应的"☆"数。

活动内容	活动要求	等第标准			达成情况
		☆☆☆	☆☆	☆	
作出猜想	① 对酸和碱混合后的结果作出猜想 ② 小组的猜想有一定的依据	达成 2 条	达成 1 条	/	
设计方案	① 用文字或符号呈现实验过程 ② 注意实验条件的公平性	达成 2 条	达成 1 条	/	
实验操作	① 小组成员分工明确 ② 按设计方案有序、规范实验 ③ 实验结束后，及时整理器材	达成 3 条	达成 2 条	达成 1 条	
数据分析	① 完整描述数据变化的特点 ② 全面分析数据并得出结论	达成 2 条	达成 1 条	/	

小组得到的星星数：_____颗。（满星为 12 颗）

声

21. 验证物体的振动产生了声音

设计背景

本实验选自沪科教版《自然》四年级第一学期第八单元"声音与振动"。本实验用声级传感器,弥补了传统实验中"依赖学生感官,难以'看到'声音而造成认知障碍"的不足。声级传感器将声信号转化后,配合数据显示模块,用具体的数字形式清晰地呈现,可以帮助学生描述、记录和分析,更清晰地认识声音产生与物体振动之间的关系。

实验教学目标

通过"探究声音产生与物体振动的关系"活动,知道物体的振动产生了声音,振动停止声音也会停止,提高观察、记录和分析能力,培养敢于质疑、实事求是的科学态度。

实验器材

声级传感器,数据显示模块;音叉。

图 1 实验装置图　　　　　　　图 2 本实验操作视频

实验操作

1. 观看视频：扫描二维码，可以观看本实验的操作视频。
2. 注意事项：观察物体振动现象和使用声级传感器实验时，应保持实验环境的安静，以减少干扰。

 实验教学流程

1. 流程图

图 3　教学流程图

2. 流程图说明

（1）情景　提出问题

参与"玩纸哨"游戏并描述在吹纸哨时的感受，体验"纸哨在发出声音时，用手摸会有振动感觉，用眼看会发现纸在很快地抖动"的现象。结合上述现象，在教师的引导下，提出"声音的产生和振动是否有关"的问题。

（2）活动Ⅰ　体验与交流

通过用手摸、用眼看等观察方法，观察弹铁尺、弹橡筋、敲鼓、人体喉咙在发声时的现象，初步得出"声音的产生和物体振动有关"的结论。

（3）活动Ⅱ　验证与分析

借助声级传感器、音叉进一步验证。敲击音叉，音叉振动并发出声音，观察声级传感器显示的数据并记录；让音叉停止振动，观察声级传感器显示的数据并记录，发现"音叉振动产生声音，音叉停止振动，声音也同时停止"，从而得出"物体的振动产生了声音"的结论。

 实验活动任务单

1. 活动记录

活动任务单

班级_____ 姓名_____

用合适的方法观察实验对象,判断其发声时有没有振动。

观察对象	发声方法	观察方法	观察结果
铁尺			
橡筋			
小鼓			
音叉			
……			

2. 实验评价

达成相关活动要求的,请在"评价结果"一栏中填入相应的"☆"数。

评价内容	等第标准			评价结果
	☆☆☆	☆☆	☆	
观察能力	写对4个或更多观察结果	写对2—3个观察结果	写对1个观察结果	

我得到的星星数:_____颗。(满星为3颗)

(案例实验思路提供者:上海市黄浦区报童小学　陈奇,

上海市闵行区实验小学　张杰、张晓文、朱逸文)

22. 比较声音的轻响

 设计背景

本实验选自沪科教版《自然》四年级第一学期第八单元"声音与振动"。本实验使用声级传感器将声音信号转化为视觉信息,通过数字化实验软件,可以让学生直观地看到声音轻与声音响时的数据。通过对声音的可视化处理,给学生分析、描述提供了直观、准确的证据,提高了实验的效率,提升了学生的实证意识。

 实验教学目标

通过"比较声音的轻响"活动,知道可以用数据准确比较声音的轻响,提高分析数据并用证据支持观点的实证意识,体会技术发展有助于科学探究。

 实验器材

声级传感器,平板电脑(含数字化实验软件);鼓。

图1　实验装置图

图2　本实验操作视频

 实验操作

1. 观看视频:扫描二维码,可以观看本实验的操作视频。

2. 注意事项：声级传感器能够收集环境中的不同声音，在使用传感器记录声音前，要提醒学生注意保持实验环境的安静，尽可能减少环境背景声音的干扰。

 实验教学流程

1. 流程图

图 3　教学流程图

2. 流程图说明

（1）情景　提出问题

先录制轻响不同的歌声，交流观察声音的方法。在教师的引导下，提出"如何准确比较声音的轻响"的问题。

（2）活动　实验与分析

围绕"如何准确比较声音的轻响"设计实验方案，并用声级传感器进行实验，观察实验现象，结合实验数据分析得出"可以用数据准确比较声音的轻响"的结论。

 实验活动任务单

1. 活动记录

比较声音的轻响

班级_____　小组_____

（1）实验方案：

（2）实验数据记录（截图或手绘）：

（3）实验结论：_____。

2. 实验评价

达成相关活动要求的，请在"达成情况"一栏中填入相应的"☆"数。

活动内容	活动要求	等第标准			达成情况
		☆☆☆	☆☆	☆	
实验操作	① 小组成员分工明确 ② 按设计方案有序、规范实验 ③ 实验结束后，及时整理器材	达成3条	达成2条	达成1条	
实验分析	① 描述实验现象变化的特点 ② 记录数据或者截图进行比较 ③ 分析数据并得出结论	达成3条	达成2条	达成1条	

小组得到的星星数：_____颗。（满星为6颗）

（案例实验思路提供者：上海市第一师范附属小学崇明区江帆小学　李祉诺）

23. 比较声音的音调高低与声波的关系

 设计背景

本实验选自沪教版《科学与技术》三年级第一学期第六单元"乐器的秘密"。本实验用声波传感器将声音信号转化为视觉信息,通过数字化实验软件,可以让学生直观看到声音高与声音低时的声波变化状态。对声音的可视化处理,给学生分析、描述提供了直观、准确的证据,提高了实验的效率,提升了学生的实证意识。

 实验教学目标

通过"比较声音的音调高低与声波的关系"活动,知道声音的音调高低与声波的变化有关,懂得对比实验时控制实验变量的重要性,提高观察、分析的实证意识。

 实验器材

声波传感器,平板电脑(含数字化实验软件);口风琴。

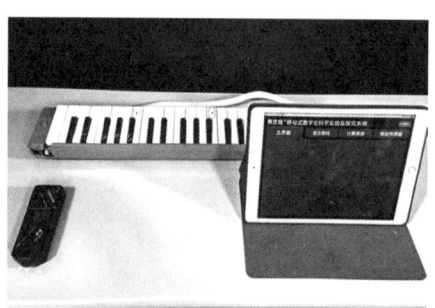

图1 实验装置图

图2 本实验操作视频

 实验操作

1. 观看视频:扫描二维码,可以观看本实验的操作视频。

2. 注意事项：①声波传感器能够收集环境中的不同声音，在使用传感器记录声音前，要提醒学生注意保持实验环境的安静，尽可能减少环境背景声音的干扰；②实验方案中，要考虑变量的控制及声源的选择。

 实验教学流程

1. 流程图

图 3　教学流程图

2. 流程图说明

（1）情景　提出问题

先录制音调高低不同的歌声，交流观察声音的方法。随后，观察声波传感器记录的声波图形，针对声波不断变化的现象，在教师的引导下，提出"声波的改变可能和声音的什么有关"问题。

（2）活动　实验与分析

围绕"声音的音调高低是否与声波的变化有关"设计实验方案，并用声波传感器进行实验，观察实验现象。结合观察记录到的实验数据，分析得出"声音的音调高低与声波的变化有关"的结论。

 实验活动任务单

1. 活动记录

声音的音调高低与声波的变化是否有关

班级＿＿＿＿＿＿＿小组＿＿＿＿＿＿＿

（1）实验方案：

（2）实验数据记录（截图或手绘）：

（3）实验结论：_____。

2. 实验评价

达成相关活动要求的，请在"达成情况"一栏中填入相应的"☆"数。

活动内容	活动要求	等第标准			达成情况
		☆☆☆	☆☆	☆	
实验操作	① 小组成员分工明确 ② 按设计方案有序、规范实验 ③ 实验结束后，及时整理器材	达成3条	达成2条	达成1条	
数据分析	① 完整描述声波变化的特点 ② 记录声波或者截图进行比较 ③ 分析实验现象并得出结论	达成3条	达成2条	达成1条	

小组得到的星星数：_____颗。（满星为6颗）

（案例实验思路提供者：上海市虹口区曲阳第四小学　陆璐露）

24. 观察乐音和噪音的声波波形

 设计背景

本实验选自沪科教版《自然》四年级第一学期第八单元"声音与振动"。本实验用声波传感器、数字化实验软件，将收集到的乐音和噪音转化为可视化的声波，可快速、准确地观察和记录实验现象，方便学生对不同的声波图形进行比较，提高观察、比较和分析等能力。

 实验教学目标

通过"观察乐音和噪音的声波波形"活动，知道乐音的声波波形是有规律的，噪音的声波波形是无规律的，培养实证意识。

 实验器材

声波传感器，数据线，计算机（含数字化实验软件）；声源（音叉、木块和砂纸）。

图1　实验装置图

图2　本实验操作视频

 实验操作

1. 观看视频：扫描二维码，可以观看本实验的操作视频。

2. 注意事项：声波传感器能够收集环境中的不同声音，在使用传感器记录声音前，要提醒学生注意保持实验环境的安静，减少环境背景声音的干扰。

实验教学流程

1. 流程图

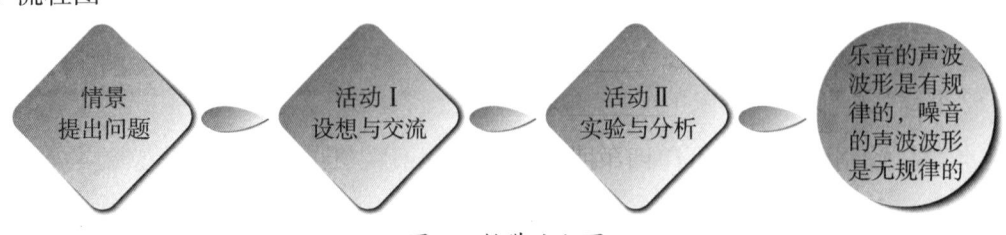

图3　教学流程图

2. 流程图说明

（1）情景　提出问题

观看"音乐演奏会和风镐开挖路面"的视频片段，辨别视频中的声音是乐音还是噪音，提出"乐音与噪音的声波波形是否有区别"的问题。

（2）活动Ⅰ　设想与交流

结合生活经验与之前所学知识，提出区分乐音与噪音的实验设想。在教师的引导下，围绕"用声波传感器来观察乐音和噪音的波形"设计实验方案，并进行交流分享。

（3）活动Ⅱ　实验与分析

借助声波传感器、数字化实验软件以及音叉、木块、砂纸等实验器材，收集乐音和噪音。在计算机上呈现对应的声波波形图时，截图记录并进行比较，分析后归纳得出"乐音的声波波形是有规律的，噪音的声波波形是无规律的"的结论。

实验活动任务单

1. 活动记录

观察乐音和噪音的声波波形

班级_____小组_____

（1）实验方案：

（2）实验数据记录（截图或手绘）：

（3）实验结论：_____。

2. 实验评价

达成相关活动要求的，请在"达成情况"一栏中填入相应的"☆"数。

活动内容	活动要求	等第标准			达成情况
		☆☆☆	☆☆	☆	
实验操作	① 小组成员分工明确 ② 按设计方案有序、规范实验 ③ 实验结束后，及时整理器材	达成3条	达成2条	达成1条	
数据分析	① 完整描述声波变化的特点 ② 记录声波或者截图进行比较 ③ 分析实验现象并得出结论	达成3条	达成2条	达成1条	

小组得到的星星数：_____颗。（满星为6颗）

（案例实验思路提供者：上海市黄浦区卢湾二中心小学　张晟瑜，

上海市黄浦区四川南路小学　夏志骏）

25. 测试减少噪音装置的效果

 设计背景

本实验选自沪科教版《自然》四年级第一学期第八单元"声音与振动"。本实验用声级传感器对噪音以及减少噪音装置进行测量，通过对实验数据进行直观观察和比较，避免了传统实验中用感官进行辨别的不足，并且基于实验数据的分析，可以培养学生用数据说话的实证意识和基于证据进行分析的科学思维。

 实验教学目标

通过"测试减少噪音装置的效果"活动，知道用一些材料和方法可以减少噪音，具有初步地用数据进行比较分析、用证据解决问题的意识和能力。

 实验器材

声级传感器，数据显示模块；声源，棉花，纸盒。

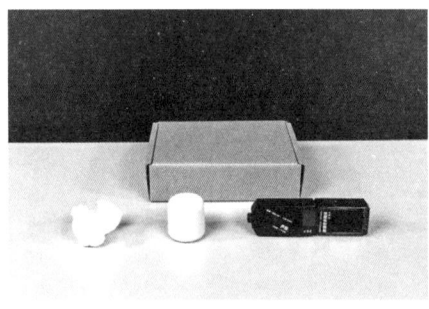

图1　实验装置图　　　　　　　图2　本实验操作视频

 实验操作

1. 观看视频：扫描二维码，可以观看本实验的操作视频。

2. 注意事项：测量初始噪音和使用声级传感器测量减少噪音装置的噪音时，应保持实验环境安静，以减少干扰。

 实验教学流程

1. 流程图

图 3　教学流程图

2. 流程图说明

（1）情景　提出问题

观察"小区修路时，风镐凿地噪音扰民"的视频，交流噪音对生活及环境的影响，进而提出"怎样才能减少噪音？"的问题，思考避免噪音危害的方法。

（2）活动Ⅰ　讨论与交流

通过讨论，交流各种可能减少噪音的方法，并将这些方法归纳为：阻断噪音的产生、阻断噪音的传播、阻断噪音的接收等三类方法。

（3）活动Ⅱ　实验与分析

各小组先自行设计减少噪音的方案。用声级传感器测量声源发出的噪音数值，并以此数值作为标准。选择材料制作减少噪音的装置，分别进行测量并填表。尝试多次实验并分析数据，得出"阻碍噪音的传播能减少噪音"的结论。

 实验活动任务单

1. 活动记录

活动任务单

班级_____　姓名_____

初始噪音值：_____分贝。

材料：①纸盒，②棉花。

用到的材料（填序号）	设计图	实测噪音值（dB）（保留一位小数）	减少噪音的效果（dB）（初始值－实测噪音值）
第一个方案			
第二个方案			
……			

说一说：我们是用什么方法减少噪音的？

2. 实验评价

达成相关活动要求的，请在"达成情况"一栏中填入一颗"☆"。

序号	活动要求	达成情况
1	能选择合适的材料，完成减少噪音装置的方案设计	
2	按照设计方案，制作减少噪音的装置	
3	正确使用声级传感器，完成减少噪音装置的测试	
4	根据实验数据，比较分析减少噪音的方法	

小组得到的星星数：_____颗。（满星为4颗）

（案例实验思路提供者：上海市松江区九亭小学　张如怡，

上海市青浦区嵩华小学　赵一沛，

上海市闵行区鑫都小学　邹满钰）

26. 探究不同材料反射声音的本领

设计背景

本实验选自沪科教版《自然》四年级第一学期第八单元"声音与振动"。本实验用声级传感器，配合数据显示模块，能够精确地捕捉到反射回来的声音并把声音信号转化为具体的数值，易于学生清晰、直观地观察到实验现象，较为方便和精准地获取实验数据并进行分析，提高了实验效率，丰富学生的科学体验。

实验教学目标

通过"探究不同材料反射声音的本领"活动，知道光滑表面与粗糙表面反射声音的本领不同，具有初步的搜集证据、解决问题的意识和能力。

实验器材

声级传感器，数据显示模块；长纸筒，毛毡板，有机玻璃板，声源。

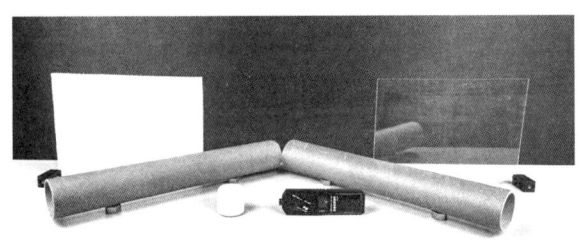

图1　实验装置图

图2　本实验操作视频

实验操作

1. 观看视频：扫描二维码，可以观看本实验的操作视频。

2. 注意事项：①声级传感器能够收集环境中的不同声音，在使用传感器记录声音前，要注意保持实验环境安静，减少环境背景声音的干扰；②实验方案中要考虑变量的控制及声源的选择。

实验教学流程

1. 流程图

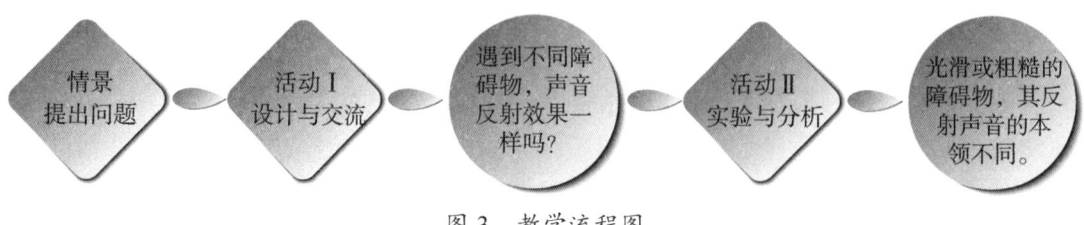

图 3　教学流程图

2. 流程图说明

（1）情景　提出问题

观察"在山谷、在回音墙等听回声"的场景，简单认识回声产生的原因和基本过程，并提出"声音遇到任何一样障碍物都会产生回声吗"的问题。

（2）活动Ⅰ　设计与交流

根据提供的实验器材设计实验方案，并对"当声音遇到光滑的障碍物或粗糙的障碍物时，反射声音的效果一样吗"这一问题进行推测交流。在教师的提示下，知晓设计实验时要注意控制实验条件。

（3）活动Ⅱ　实验与分析

先用声级传感器测量声源发出的声音分贝数，以此作为标准值。再按实验方案分别进行回声分贝数的测量并做好记录。观察实验数据，说出不同材料的特点（光滑、粗糙）和回声分贝数，分析比较后得出结论。

实验活动任务单

1. 活动记录

活动任务单

班级_____ 姓名_____

实验材料:毛毡板,有机玻璃板,长纸筒,声源。

初始分贝:_____dB。

材料序号:①毛毡板,②有机玻璃板。

用到的材料(填序号)	设计图	回声大小(dB)
第一个方案		
第二个方案		
……		

实验结论:_____。

2. 实验评价

达成相关活动要求的,请在"达成情况"一栏中填入一颗"☆"。

序号	活动要求	达成情况
1	能选择合适的材料,设计回声检测的方案	
2	按照设计方案,完成检测装置的搭建	
3	正确使用声级传感器,完成回声测试实验并记录	
4	根据实验结果进行比较分析,说出声音遇到表面光滑的材料时回声较响,遇到表面粗糙的材料时回声较轻	

小组得到的星星数:_____颗。(满星为4颗)

(案例实验思路提供者:上海市闵行区实验小学 张杰、张晓文、朱逸文)

27. 比较不同材料对声音传播的影响

 设计背景

本实验选自沪科教版《自然》四年级第一学期第八单元"声音与振动"。本实验借助声级传感器、数据显示模块以及自制的"比较不同材料对声音传播的影响"实验装置,可以同时观察到实验装置内三种材料对声音传播的影响数据,方便学生精准地获取数据并进行比较,提高实验的效率,丰富学生的科学体验。

 实验教学目标

通过"比较不同材料对声音传播的影响"活动,知道固体、液体、气体等材料对声音传播有影响,激发学生对探究身边声学现象的兴趣。

 实验器材

声级传感器,数据显示模块;"比较不同材料对声音传播的影响"实验装置,声源。

图1　实验装置图

图2　本实验操作视频

实验操作

1. 观看视频:扫描二维码,可以观看本实验的操作视频。
2. 注意事项:在使用声级传感器测试时,教室里应保持安静,以减少干扰。

实验教学流程

1. 流程图

图 3　教学流程图

2. 流程图说明

（1）情景　提出问题

联系"声音的传播"知识点，明确空气、水、沙等虽然物质状态不同，但都能传播声音。随后，在教师的引导下，提出"不同材料对声音的传播有影响吗"的问题。

（2）活动　实验与分析

用"比较不同材料对声音传播的影响"实验装置进行实验，借助声级传感器、数据显示模块进行测量和记录实验数据，分析得出实验结论。

实验活动任务单

1. 活动记录

比较不同材料对声音传播的影响

第____组

序号	传播介质	声音的大小
1	沙	
2	水	
3	空气	

实验结论：不同材料对声音的传播_____影响。（选填"有"或"无"）

2. 实验评价

达成相关活动要求的,请在"达成情况"一栏中填入一颗"☆"。

序号	活动要求	达成情况
1	观察实验现象,记录数据	
2	用传感器测量数据时能保持安静	
3	实验后轻声讨论,填写实验结论与评价	

小组得到的星星数:_____颗。(满星为3颗)

(案例实验思路提供者:上海市第一师范附属小学崇明区江帆小学 李祉诺)

28. 探秘水杯琴的音调（4个音）

 设计背景

本实验选自沪科教版《自然》四年级第一学期第八单元"声音与振动"。本实验用声波/声级传感器测量水杯琴的4个音；传感器将声信号转化后，配合数字化实验软件，用具体的数字形式清晰地展示4个音的音调高低区别。声音的可视化显示，可以提高实验的效率与趣味性，提升学生探究音调秘密的兴趣。

 实验教学目标

通过"探秘水杯琴的音调"活动，初步学会使用声波/声级传感器测量音调高低的不同，提升动手能力，激发探究声音的兴趣。

 实验器材

声波/声级传感器，数据采集器，数据线，计算机（含数字化实验软件）；小锤，玻璃杯等。

图1　实验装置图

图2　本实验操作视频

 实验操作

1. 观看视频：扫描二维码，可以观看本实验的操作视频。
2. 注意事项：测试水杯琴音调时，教室内应保持安静，以减少干扰。

实验教学流程

1. 流程图

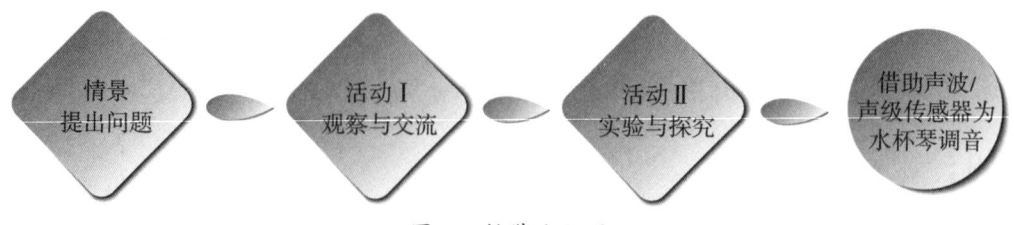

图 3　教学流程图

2. 流程图说明

（1）情景　提出问题

观看"人们用酒杯、水杯、碗等器具演奏音乐"的视频，提出"如何调节水杯琴的音调"的问题。

（2）活动 I　观察与交流

倾听感受水杯琴 4 个音的声音高低差别，同步观察水杯中水量的差别。观察教师用声波 / 声级传感器测量不同水杯琴的音调，记录数据并交流。

（3）活动 II　实验与探究

以声波 / 声级传感器所测量的演示水杯琴的数据为依据，尝试对自己的水杯琴进行调音（可行的话，尝试多个音的调音），探寻水杯琴音调变化的秘密。

实验活动任务单

1. 活动记录

活动任务单

班级_____姓名_____

给 4 个玻璃杯加入不同的水量，以声波 / 声级传感器所测量的演示水杯琴的数据为依据，轻轻敲击杯壁，尝试调试 4 个音的音调。

实验对象	加入水量	实验方法	实验结果
第一杯水			
第二杯水			
第三杯水			
第四杯水			
……			

实验结论：往杯子里加水，再次敲击，水量多的杯子音调会变_____，水量少的杯子音调会变_____。（均选填"高"或"低"）

2. 实验评价表

达成相关活动要求的，请在"达成情况"一栏中填入一颗"☆"。

序号	活动要求	达成情况
1	正确使用声波/声级传感器测量并记录数据	
2	让水杯琴发出4个以上正确的音调	
3	实验完成后，器材归位，保持整洁	

小组得到的星星数：_____颗。（满星为3颗）

（案例实验思路提供者：上海市第一师范附属小学崇明区江帆小学　李祉诺，

上海市崇明区明珠小学　李刚）

磁

29. 探究磁铁各部分的磁性强弱

 设计背景

本实验选自沪远东版《自然》四年级第一学期第四单元"磁"。本实验用三维磁感应强度传感器分别检测条形磁铁和马蹄形磁铁不同部分的磁性强弱情况,配合数据显示模块,可以较为快速和精准地获取实验数据,便于学生比较、分析数据,进而归纳得出实验结论。

 实验教学目标

通过"探究条形磁铁和马蹄形磁铁各部分的磁性强弱"活动,知道磁铁的不同部分的磁性强弱不同,磁极部分磁性最强,中间部分磁性最弱,提高动手、观察和实验分析等能力。

 实验器材

三维磁感应强度传感器,数据显示模块;条形磁铁,马蹄形磁铁。

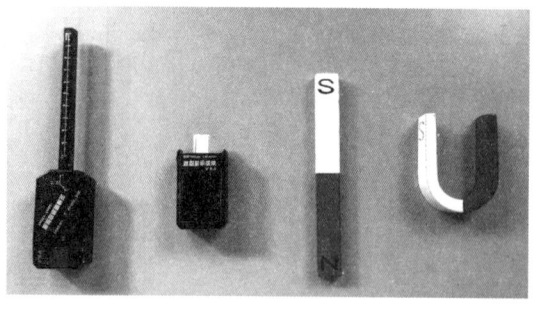

图 1 实验装置图

图 2 本实验操作视频

 实验操作

1. 观看视频:扫描二维码,可以观看本实验的操作视频。

2. 注意事项：①实验前，需将被检测磁铁远离其他磁铁放置，避免干扰，保证实验数据的准确性；②测量时，三维磁感应强度传感器探管顶端应与磁铁被检测点接触。

 实验教学流程

1. 流程图

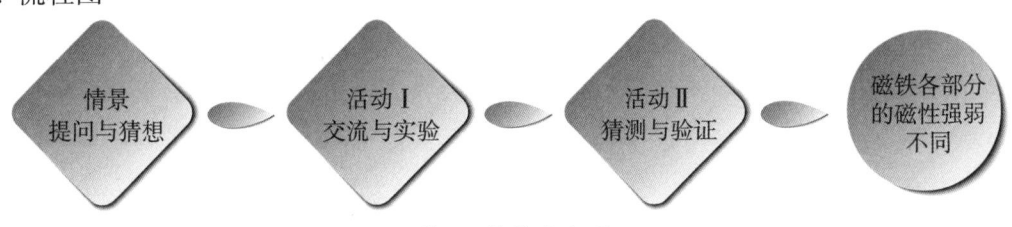

图 3　教学流程图

2. 流程图说明

（1）情景　提问与猜想

参与"滚铁珠"体验活动，发现"小铁珠总往条形磁铁两端滚动并被吸住"的现象。根据观察到的现象，提出感兴趣的问题，并作出"条形磁铁的各部分磁性强弱不同"的猜想。

（2）活动Ⅰ　交流与实验

围绕三维磁感应强度传感器设计实验方案，并用它检测条形磁铁各部分的磁性强弱情况，观察并收集实验数据，得出实验结论以验证猜想。

（3）活动Ⅱ　猜测与验证

先猜测马蹄形磁铁各部分的磁性强弱情况，再用三维磁感应强度传感器检测马蹄形磁铁各部分的磁性强弱情况，收集和分析实验数据，得出实验结论。

 实验活动任务单

1. 活动记录

　　（1）实验猜想：_____。

　　（2）实验方案：

（3）实验数据记录：

（4）实验结论：_____。

2. 实验评价

　　达成相关活动要求的，请在"达成情况"一栏中填入相应的"☆"数。

活动内容	活动要求	等第标准		达成情况
		☆☆	☆	
作出猜想	① 对磁铁不同部分的磁性强弱作出猜想 ② 小组的猜想有一定的依据	达成2条	达成1条	
设计方案	① 积极参与讨论实验方案设计 ② 用文字或符号呈现实验过程	达成2条	达成1条	
实验操作	① 小组成员分工明确，操作规范 ② 能按设计方案合作完成实验操作	达成2条	达成1条	
数据分析	① 完整描述数据变化的特点 ② 全面分析数据并得出结论	达成2条	达成1条	

小组得到的星星数：_____颗。（满星为8颗）

[案例实验思路提供者：上海市嘉定区教育学院　陈健，
　　　　　　　　　　　上海市静安区闸北实验小学（明德校）　孙欢]

30. 探究自制小磁针的性质

设计背景

本实验选自沪科教版《自然》三年级第二学期第五单元"磁极与指向"。本实验用三维磁感应强度传感器探究自制小磁针各部分在截断前后的磁性强弱变化和两极的特点，配合数据显示模块，可以实现实验过程的可视化，可靠、准确的实时数据也给实验结论的得出提供了支持。

实验教学目标

通过"探究自制小磁针的性质"活动，知道自制小磁针具有与条形磁铁相同的性质，截断后的小磁针磁性会减弱，但依旧能指示南北，提高实验设计、动手操作和实验分析等能力。

实验器材

三维磁感应强度传感器，数据显示模块；条形磁铁，回形针，泡沫板，尖嘴钳，指南针，水槽等。

图 1 实验装置图

图 2 本实验操作视频

实验操作

1. 观看视频：扫描二维码，可以观看本实验的操作视频。
2. 注意事项：①测量时，三维磁感应强度传感器探管顶端应与自制小磁针的被检测点接触；②截断小磁针的操作具有危险性，建议先由教师截断磁针后，再组织学生开展"探究小磁针截断后的变化"实验活动。

 实验教学流程

1. 流程图

图 3　教学流程图

2. 流程图说明

（1）情景　制作与提问

运用所学磁化的方法，使回形针具有磁性。结合所学条形磁铁的有关知识，对自制小磁针的特点进行猜想，提出"自制小磁针有怎样的特点"的问题。

（2）活动Ⅰ　交流与实验

根据提供的实验材料，交流与设计实验方案。用三维磁感应强度传感器检测自制小磁针各部分的磁性强弱情况，对比条形磁铁的特点，得出"自制小磁针具有与条形磁铁相同的性质"的实验结论。

（3）活动Ⅱ　验证与分析

先猜测小磁针截断后可能发生的变化，再用所给实验器材设计实验方案。收集和分析实验数据，归纳得出小磁针截断后的性质。

 实验活动任务单

1. 活动记录

（1）实验猜测：＿＿＿＿＿＿＿＿＿＿＿＿＿＿＿＿＿＿＿＿。

（2）实验方案：

（3）实验数据记录：

小磁针上的位置 磁传感器数值（mT）	左端	中间	右端
自制小磁针			
小磁针截断后			

（4）实验结论：_____。

2. 实验评价

达成相关活动要求的，请在"达成情况"一栏中填入相应的"☆"数。

活动内容	活动要求	等第标准		达成情况
		☆☆	☆	
作出猜想	① 对自制小磁针的特点作出猜想 ② 小组的猜想有一定的依据	达成 2条	达成 1条	
设计方案	积极参与讨论实验方案设计	达成 1条	/	
实验操作	小组成员分工明确，操作规范	达成 1条	/	
数据分析	① 完整描述数据变化的特点 ② 分析实验数据，得出实验结论	达成 2条	达成 1条	

小组得到的星星数：_____颗。（满星为 8 颗）

（案例实验思路提供者：上海市闵行区实验小学　张晓文）

31. 探究磁化的方法

设计背景

本实验选自沪远东版《自然》四年级第一学期第四单元"磁"。本实验用三维磁感应强度传感器直接测量自制小磁铁磁化前后的磁性变化，配合数据显示模块，可以提高实验效率，较为直观、便捷地获取实验数据。

实验教学目标

1. 通过"制作小磁铁"活动，学会磁化的方法，提高动手能力。
2. 通过"测量自制小磁铁磁化前后的磁性变化"活动，知道磁铁能使磁性材料具有磁性，懂得分工合作、规范操作对于获取和分析数据的重要性。

实验器材

三维磁感应强度传感器，数据显示模块；回形针，条形磁铁。

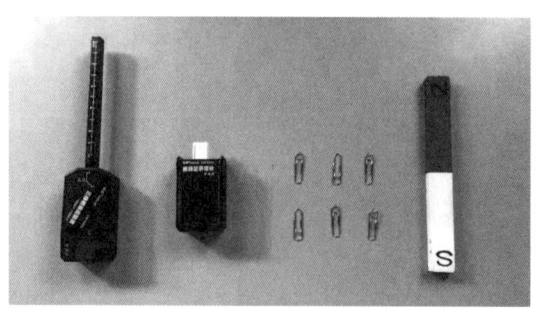

图1 实验装置图

图2 本实验操作视频

实验操作

1. 观看视频：扫描二维码，可以观看本实验的操作视频。

2. 注意事项：①测量时，三维磁感应强度传感器探管顶端应与自制小磁铁的被检测点接触；②重复开展磁化实验时，需更换采用新的回形针。

实验教学流程

1. 流程图

图3　教学流程图

2. 流程图说明

（1）情景　提出问题

玩一玩"回形针钓鱼竿"游戏，发现"可以用一枚回形针吸引其他回形针"的现象，尝试思考与交流现象产生的原因，进而提出"如何使回形针具有磁性"的问题。

（2）活动Ⅰ　交流与制作

根据提供的实验器材，设计并交流制作方案。在知晓磁化的方法与注意事项后，用三维磁感应强度传感器测量回形针磁化前各位置的磁性强弱数据，并做好记录，随后开展小磁铁的制作活动。

（3）活动Ⅱ　实验与交流

用三维磁感应强度传感器测量并记录回形针磁化后各位置的磁性强弱数据。对比分析磁化前后的数据差异，得出实验结论。

实验活动任务单

1. 活动记录

　　（1）实验猜想：_____。

　　（2）实验方案：

(3) 实验数据记录:

状 态	三维磁感应强度传感器数值(mT)
磁化前	
磁化后	

(4) 实验结论：_____。

2. 实验评价

达成相关活动要求的，请在"达成情况"一栏中填入相应的"☆"数。

活动内容	活动要求	等第标准		达成情况
		☆☆	☆	
作出猜想	① 积极思考，作出猜测 ② 有理有据，乐于表达	达成2条	达成1条	
设计方案	① 群策群力，设计方案 ② 对比设计，合理呈现	达成2条	达成1条	
实验操作	① 小组合作，规范操作 ② 轻声讨论，实验有序	达成2条	达成1条	
记录分析	① 观察数据，及时上传 ② 分析数据，得出结论	达成2条	达成1条	

小组得到的星星数：_____颗。（满星为8颗）

（案例实验思路提供者：上海市静安区第一中心小学　周维丽）

32. 探究消磁的方法

 设计背景

本实验选自沪远东版《自然》四年级第一学期第四单元"磁"。本实验用三维磁感应强度传感器直接检测小磁针在消磁前后的磁性强弱情况，配合数据显示模块，可以使肉眼不可见的磁现象可视化，为问题的解决提供直观、准确的证据支持。

 实验教学目标

通过"探究消磁的方法"活动，知道加热、剧烈震荡等方法可以使磁化后的材料所具有的磁性减弱或消失，提高规范操作、观察和数据分析等能力。

 实验器材

三维磁感应强度传感器，数据显示模块；回形针，条形磁铁，塑料盒，镊子，酒精灯，点火器，湿毛巾等。

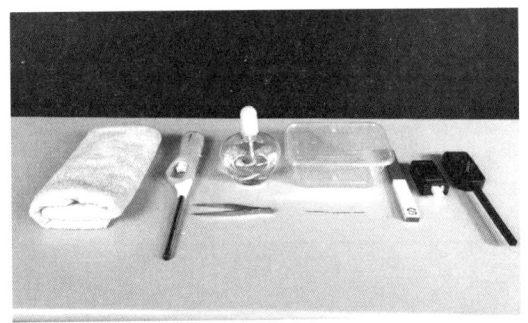

图1　实验装置图

图2　本实验操作视频

 实验操作

1. 观看视频：扫描二维码，可以观看本实验的操作视频。

2. 注意事项：①测量时，三维磁感应强度传感器探管顶端应与自制小磁针的被检测点接触；②实验中，教师应强调对比实验法的运用；③使用酒精灯时，需提醒学生规范操作，防止烫伤。

实验教学流程

1. 流程图

图3　教学流程图

2. 流程图说明

（1）情景　观察与猜测

先观察失灵的指南针的指向，思考其不能正确指示南北的原因。用三维磁感应强度传感器测量小磁针的磁性强弱，发现小磁针磁性很微弱，猜测小磁针磁性减弱的原因。

（2）活动Ⅰ　验证与分析

围绕所提供的实验器材设计实验方案，并使用三维磁感应强度传感器对小磁针各部分在加热前后的磁性强弱进行检测，对比、分析实验数据，得出实验结论。

（3）活动Ⅱ　验证与分析

用三维磁感应强度传感器对小磁针各部分在震荡前后的磁性强弱进行检测，对比、分析实验数据，得出实验结论。

实验活动任务单

1. 活动记录

（1）实验猜想：小磁针磁性减弱或者消失的原因可能是_____。

（2）实验数据记录：

磁传感器(mT)	小磁针上的位置	A	B	C	D	E
方法一	操作前					
	操作后					
方法二	操作前					
	操作后					

（3）实验结论：_____。

2. 实验评价

达成相关活动要求的，请在"达成情况"一栏中填入相应的"☆"数。

活动内容	活动要求	等第标准			达成情况
		☆☆☆	☆☆	☆	
作出猜想	① 积极思考，做出猜测 ② 有理有据，乐于表达	达成2条	达成1条	/	
实验操作	① 分工明确，小组合作 ② 轻声讨论，实验有序 ③ 规范操作，及时整理	达成3条	达成2条	达成1条	
记录分析	① 观察数据，及时上传 ② 分析数据，得出结论	达成2条	达成1条	/	

小组得到的星星数：_____颗。（满星为9颗）

（案例实验思路提供者：上海市嘉定区第一中学附属小学　周娴）

33. 探究影响电磁铁磁性强弱的因素

设计背景

本实验选自沪远东版《自然》四年级第一学期第四单元"磁"。本实验用三维磁感应强度传感器直接测量电磁铁的磁性强弱，配合数据显示模块，可以使实验现象变得更为稳定、清晰、直观，大幅度缩减实验时间，得出的科学结论也更为真实、可信。

实验教学目标

通过"探究影响电磁铁磁性强弱的因素"活动，知道线圈匝数、电流大小等因素会影响电磁铁的磁性强弱，提高实验方案的设计与实施能力，具有严谨求实的科学态度。

实验器材

三维磁感应强度传感器，数据显示模块；100 匝线圈，200 匝线圈，300 匝线圈，电池盒，干电池，导线等。

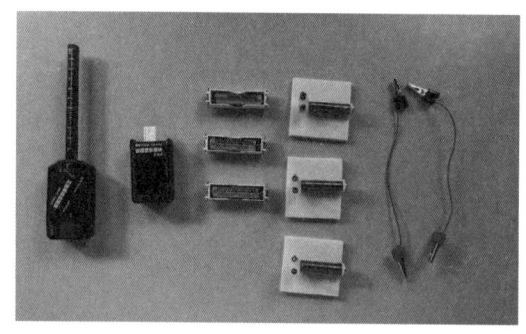

图 1 实验装置图

图 2 本实验操作视频

实验操作

1. 观看视频：扫描二维码，可以观看本实验的操作视频。

2. 注意事项：①测量时，三维磁感应强度传感器探管顶端应与电磁铁的被检测点接触；②实验中，教师应强调对比实验的方法；③实验结束后须立即断电，以免产生电池电量差距过大、电池发烫等现象。

 实验教学流程

1. 流程图

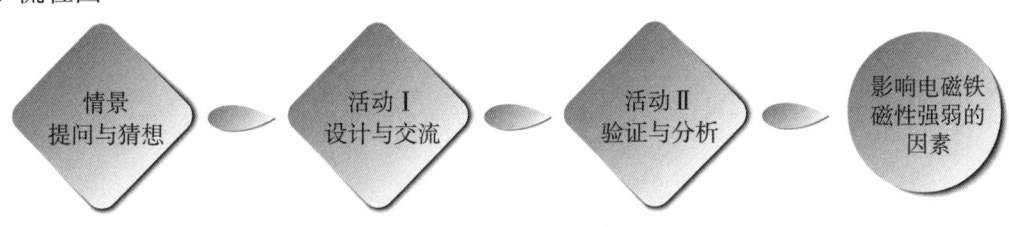

图 3　教学流程图

2. 流程图说明

（1）情景　提问与猜想

尝试用三维磁感应强度传感器测量自制电磁铁的磁性强弱数据，发现各组自制电磁铁的磁性有强有弱，提出"影响电磁铁磁性强弱的因素有哪些"的问题，并作出合理猜想。

（2）活动Ⅰ　设计与交流

根据三维磁感应强度传感器、不同匝数的线圈、干电池等实验器材，小组设计对比实验方案。各组交流对比实验方案，并在大组汇报的基础上完善实验方案。

（3）活动Ⅱ　验证与分析

围绕设计的对比实验方案，借助三维磁感应强度传感器收集证据，分析实验数据，归纳得出影响电磁铁磁性强弱的因素。

 实验活动任务单

1. 活动记录

（1）实验猜测：电磁铁的磁性强弱与_____有关。

（2）实验方案：

（3）实验数据记录：

我们小组探究的因素：_____，其他条件保持不变。	
_____ （改变的条件）	实验数据记录 三维磁感应强度传感器数值（mT）

（4）实验结论：_____。

2. 实验评价

达成相关活动要求的，请在"达成情况"一栏中填入相应的"☆"数。

活动内容	活动要求	等第标准			达成情况
		☆☆☆	☆☆	☆	
学习兴趣	① 对探究影响电磁铁磁性强弱的因素产生浓厚的学习兴趣 ② 积极思考，作出合理的猜测	达成 2条	达成 1条	/	
学习习惯	① 认真倾听同伴发言；在交流中，能大胆发表各自想法 ② 小组成员积极参与活动，分工明确 ③ 能规范使用实验器材，做到实验有序、及时整理	达成 3条	达成 2条	达成 1条	
学业成果	① 能设计合理的对比实验方案 ② 能分析数据，得出实验结论	达成 2条	达成 1条	/	

小组得到的星星数：_____颗。（满星为9颗）

（案例实验思路提供者：上海市嘉定区普通小学　王轶文，

上海外国语大学嘉定外国语学校　冯蔚）

电

34. 测量串联电路中的电流大小

 设计背景

本实验属于沪教版《科学与技术》四年级第二学期第六单元"电路"的校本拓展内容。本实验用多量程电流传感器直接测量串联电路的电流大小,配合数据显示模块,可以清晰地观察和获取串联电路中不同位置的电流大小数据,揭示串联电路中的电流特点,提高学生对电路的研究兴趣。

 实验教学目标

通过"测量串联电路中的电流大小"活动,知道在串联电路中,电流大小处处相等,提高动手实践和对比分析的能力,懂得分工合作、规范操作对于获取和分析真实数据的重要性。

 实验器材

多量程电流传感器,数据显示模块;电池,灯座,开关,不同规格的小电珠,导线等。

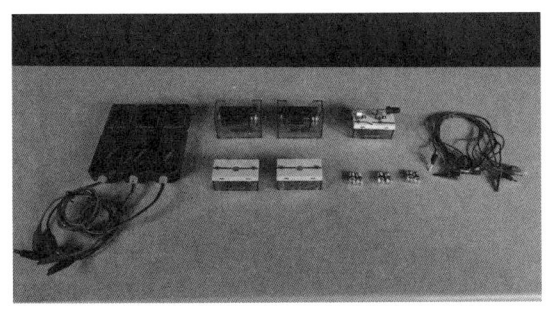

图1　实验装置图

图2　本实验操作视频

 实验操作

1. 观看视频:扫描二维码,可以观看本实验的操作视频。

2. 注意事项：①多量程电流传感器不能直接接在电源的两端；②测量时，应将多量程电流传感器与被测电路串联，并关注电流传感器的极性。

实验教学流程

1. 流程图

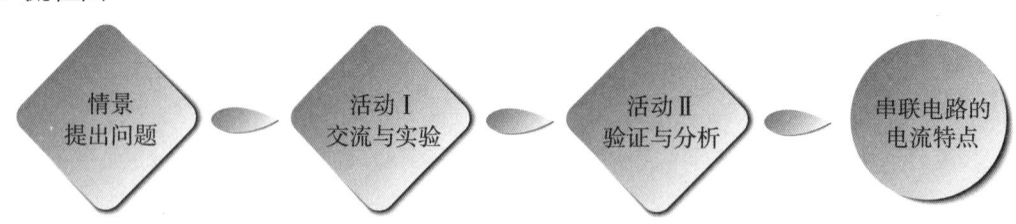

图3　教学流程图

2. 流程图说明

（1）情景　提出问题

观察图4所示的串联电路，思考"流过电路中a、b、c三点的电流大小有怎样的关系？"并作出自己的猜测。

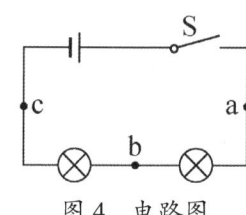

图4　电路图

（2）活动Ⅰ　交流与实验

交流实验方案，按照电路图连接电路，并将3个多量程电流传感器分别串联至电路中的不同位置（a、b、c三点），收集实验数据。

（3）活动Ⅱ　验证与分析

在电路中更换另2组不同规格的小电珠，重复实验，收集实验数据，并通过对比与分析各组实验数据，得出串联电路中的电流特点。

实验活动任务单

1. 活动记录

（1）实验猜测：串联电路中，流过a、b、c三点的电流大小关系为＿＿＿＿＿＿。

（2）实验方案（画出简图）：

(3) 实验数据记录：

电流大小（A） 测量位置	a	b	c
第一组小电珠			
第二组小电珠			
第三组小电珠			

(4) 实验结论：_____。

2. 实验评价

达成相关活动要求的，请在"达成情况"一栏中填入一颗"☆"。

活动内容	活动要求	达成情况
作出猜想	能够对串联电路中的电流特点作出猜想	
实验操作	能正确使用多量程电流传感器开展实验，操作规范	
记录分析	能及时记录实验数据，分析数据，得出实验结论	

小组得到的星星数：_____颗。（满星为3颗）

35. 测量并联电路中的电流大小

 设计背景

本实验属于沪教版《科学与技术》四年级第二学期第六单元"电路"的校本拓展内容。本实验用多量程电流传感器直接测量并联电路的电流大小，配合数据显示模块，可以清晰地观察和获取并联电路中干路和支路的电流大小数据，揭示并联电路中的电流特点，提高学生对电路的研究兴趣。

 实验教学目标

通过"测量并联电路中的电流大小"活动，知道在并联电路中，干路电流等于各支路电流之和，提高动手实践和对比分析的能力，懂得分工合作、规范操作对于获取和分析真实数据的重要性。

 实验器材

多量程电流传感器，数据显示模块；电池，灯座，开关，不同规格的小电珠，导线等。

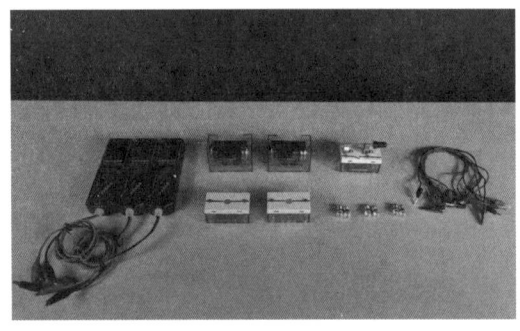

图1　实验装置图

图2　本实验操作视频

 实验操作

1. 观看视频：扫描二维码，可以观看本实验的操作视频。

2. 注意事项：①多量程电流传感器不能直接接在电源的两端；②测量时，应将多量程电流传感器与被测电路串联，并关注电流传感器的极性。

实验教学流程

1. 流程图

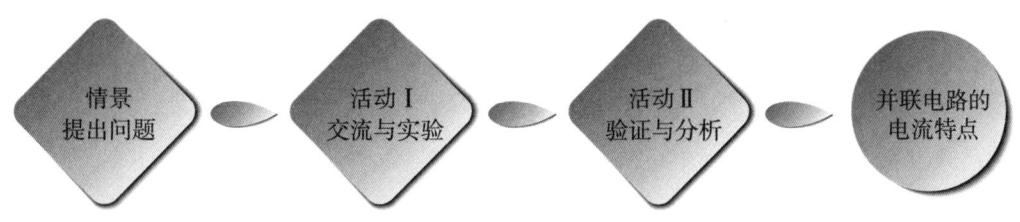

图3　教学流程图

2. 流程图说明

（1）情景　提出问题

观察图4所示的并联电路，思考"流过电路中a、b、c三点的电流大小有怎样的关系？与串联电路的电流关系是否一样？"并作出自己的猜测。

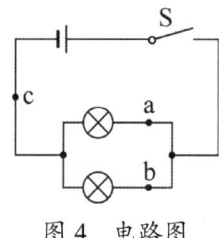

图4　电路图

（2）活动Ⅰ　交流与实验

交流实验方案，按照电路图连接电路，并将3个多量程电流传感器分别串联至电路的干路（c点）和支路（a、b点）位置，收集实验数据。

（3）活动Ⅱ　验证与分析

在电路中更换另2组不同规格的小电珠，重复实验，收集实验数据，并通过对比与分析各组实验数据，得出并联电路中的电流特点。

实验活动任务单

1. 活动记录

（1）实验猜测：并联电路中，流过电路a、b、c三点的电流大小关系为_____。

（2）实验方案（画出简图）：

（3）实验数据记录：

电流大小（A） 测量位置	a	b	c
第一组小电珠			
第二组小电珠			
第三组小电珠			

（4）实验结论：_____。

2. 实验评价

达成相关活动要求的，请在"达成情况"一栏中填入一颗"☆"。

活动内容	活动要求	达成情况
作出猜想	能够对并联电路中的电流特点作出猜想	
实验操作	能正确使用多量程电流传感器开展实验，操作规范	
记录分析	能及时记录实验数据，分析数据，得出实验结论	

小组得到的星星数：_____颗。（满星为3颗）

36. 探究纯净水、自来水和盐水的导电性

 设计背景

本实验选自沪科教版《自然》三年级第二学期第八单元"简单电路"。用多量程电流传感器可以直接测量电路中待检测物质的导电性,配合数据显示模块,就可以直观地显示弱导电性物质的导电情况,用数据说明科学现象,使探究过程变得更加严谨与可信。

 实验教学目标

通过"探究纯净水、自来水和盐水的导电性"活动,知道纯净水不能导电,是绝缘体,自来水和盐水能导电,是导体;提高动手、观察和数据分析等能力,树立安全用电意识。

 实验器材

多量程电流传感器,数据显示模块;电池,小电珠,开关,铜片,导线,纯净水,盐水,自来水等。

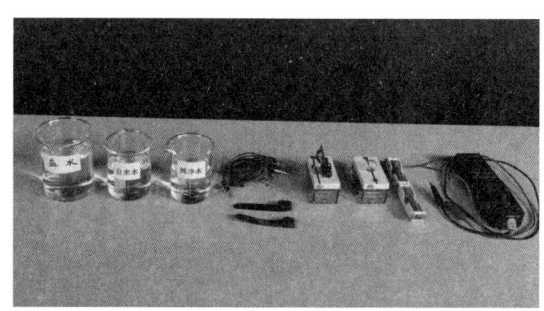

图1　实验装置图

图2　本实验操作视频

实验操作

1. 观看视频：扫描二维码，可以观看本实验的操作视频。
2. 注意事项：①多量程电流传感器不能直接接在电源的两端；②实验前，调节多量程电流传感器的量程至"mA"挡位并清零，清除铜片表面的锈斑，以保证它们导电性能良好。

 实验教学流程

1. 流程图

图3　教学流程图

2. 流程图说明

（1）情景　提出问题

讨论交流"为什么不能用湿布擦拭电灯泡？"，提出问题"水究竟是导体还是绝缘体？"。

（2）活动Ⅰ　实验与分析

利用多量程电流传感器、数据显示模块、电池、小电珠等器材设计实验方案，将多量程电流传感器串联在电路中，检测纯净水的导电情况，收集实验数据，得出实验结论。

（3）活动Ⅱ　验证与交流

分别用自来水和盐水代替纯净水，观察它们的导电情况，收集实验数据，归纳得出实验结论，并运用实验结论分析、解释生活中自来水导电的原因，树立安全用电意识。

 实验活动任务单

1. 活动记录

　　（1）实验猜测：_____。

（2）实验方案（画出简图）：

（3）实验数据记录：

被检测物质	纯净水	自来水	盐水
电流大小（mA）			
判断（均选填"导体"或"绝缘体"）			

（4）实验结论：_____。

2. 实验评价

达成相关活动要求的，请在"达成情况"一栏中填入相应的"☆"数。

评价内容	活动要求	等第标准			达成情况
		☆☆☆	☆☆	☆	
学习兴趣	① 对导体与绝缘体产生浓厚的学习兴趣 ② 积极思考，合理猜测，说出理由	达成2条	达成1条	/	
学习习惯	① 认真听讲，并倾听同伴的发言 ② 实验操作分工明确，积极参与小组活动 ③ 能正确使用多量程电流传感器完成实验操作，细致观察数据的变化	达成3条	达成2条	达成1条	
学业成果	① 能用简图的形式画出实验方案 ② 能够分析数据，归纳总结得出结论 ③ 能列举生活实例，解释安全用电本质	达成3条	达成2条	达成1条	

小组得到的星星数：_____颗。（满星为9颗）

（案例实验思路提供者：上海市崇明区明珠小学　陆荣，
上海市安亭师范附属小学　曾乐）

37. 探究调光电路的原理

设计背景

本实验选自沪远东版《自然》四年级第一学期第五单元"家庭用电"。用多量程电流传感器和多量程电压传感器测量不同长短的铅笔芯在电路中的电流和电压大小,配合数据采集器和数字化实验软件,可以使实验现象变得更为稳定、清晰、直观,得出更为可信的科学结论。

实验教学目标

通过"测量铅笔芯调光电路中的电流和电压"活动,知道调光电路的原理,提高动手、观察和数据分析等能力,养成实事求是的科学态度。

实验器材

多量程电流传感器,多量程电压传感器,数据采集器,数据线,笔记本电脑(含软件);小电珠,开关,电池,导线,铅笔芯等。

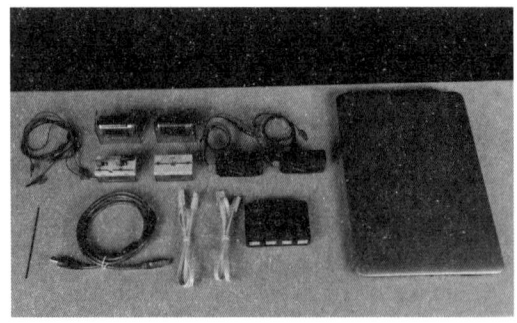

图1 实验装置图

图2 本实验操作视频

实验操作

1. 观看视频：扫描二维码，可以观看本实验的操作视频。
2. 注意事项：①电流传感器不能直接接在电源的两端；②测量时，应将多量程电流传感器与被测电路串联，多量程电压传感器并联在铅笔芯检测口两侧；③记录数据时，应同步观察小电珠的亮暗情况；④建议教师提前连接检测电路，供学生实验。

 实验教学流程

1. 流程图

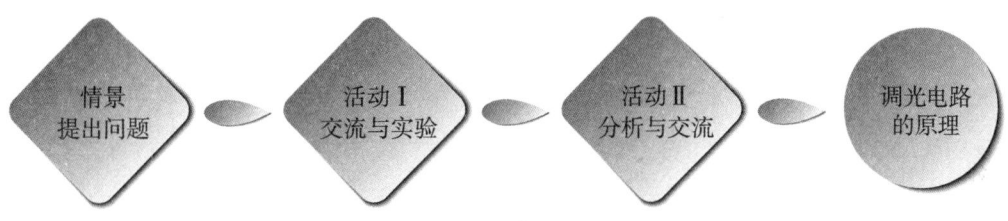

图3 教学流程图

2. 流程图说明

（1）情景 提出问题

用提供的材料，设计与制作一个调光开关，发现当接入电路中的铅笔芯长短不同时，小电珠的亮暗也不同，提出问题"小电珠亮暗变化与什么有关？"并作出合理猜想。

（2）活动Ⅰ 交流与实验

利用多量程电流传感器、多量程电压传感器和小电珠、开关、电池、导线、铅笔芯等器材设计实验方案。连接实验电路，调节鳄鱼夹位置，改变接入电路的铅笔芯长度，并测量电流大小和电压大小，分析实验数据，得出实验结论。

（3）活动Ⅱ 分析与交流

分析电路中的电压、电流和利用软件计算出电阻数据，归纳得出调光电路的原理。

 实验活动任务单

1. 活动记录

（1）实验猜想：铅笔芯调光电路中，小电珠亮暗变化与_____有关。

111

（2）实验方案：

（3）实验数据记录（均选填"变大"或"变小"）：

数据变化 铅笔芯长短	电流	电压	电阻
接入电路的铅笔芯逐渐变短			
接入电路的铅笔芯逐渐变长			

（4）实验结论：_____。

2. 实验评价

达成相关活动要求的，请在"达成情况"一栏中填入相应的"☆"数。

评价内容	活动要求	等第标准		达成情况
		☆☆	☆	
作出猜想	① 积极思考，作出猜测 ② 有理有据，乐于表达	达成 2条	达成 1条	
实验操作	① 分工明确，小组合作 ② 规范操作，实验有序	达成 2条	达成 1条	
记录分析	① 观察数据，及时上传 ② 分析数据，得出结论	达成 2条	达成 1条	

小组得到的星星数：_____颗。（满星为6颗）

（案例实验思路提供者：上海市民办阳浦小学　徐斌，

上海市金山区第一实验小学　莫家钰）

38. 探究影响电阻大小的因素

 设计背景

本实验选自沪远东版《自然》四年级第一学期第五单元"家庭用电",在电路中连接电阻定律实验器上不同材料、不同粗细、不同长度的导线,用多量程电流传感器和多量程电压传感器测量数据,并运用软件计算电阻大小。本实验保留了传统的电阻实验"物理模型+测量仪器"的模型,用传感器改进测量手段,可以快速、准确地获取数据,提高了实验的效率。

 实验教学目标

通过"探究影响电阻大小的因素"活动,知道电阻大小和导体的材料、长度、粗细等因素有关,提高动手实验和分析问题的能力。

 实验器材

多量程电流传感器,多量程电压传感器,电阻定律实验器,数据采集器,数据线,笔记本电脑(含软件);电池,开关,小电珠,导线等。

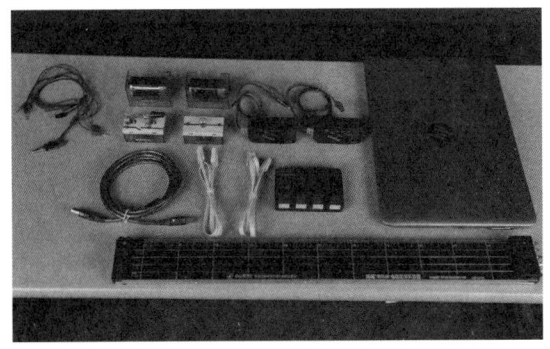

图1 实验装置图

图2 本实验操作视频

实验操作

1. 观看视频：扫描二维码，可以观看本实验的操作视频。
2. 注意事项：①电阻定律实验器由底座、接线柱及康铜、铁铬铝和镍铬三种金属丝构成，其中康铜丝有三种粗细规格，有一根粗细和铁铬铝丝、镍铬丝相同；②实验中，教师应强调对比实验中的变量控制，引导学生依据所探究的因素，选择合适的材料进行实验。

 实验教学流程

1. 流程图

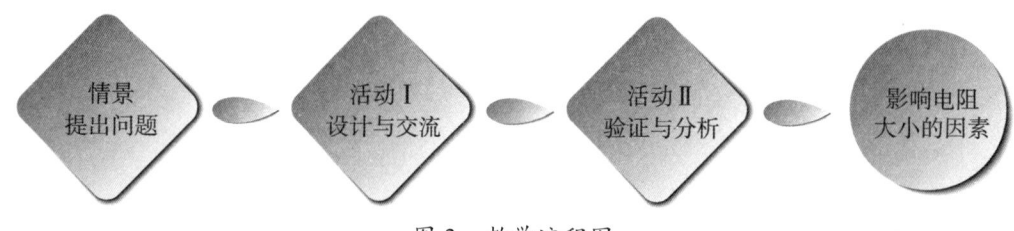

图 3　教学流程图

2. 流程图说明

（1）情景　提出问题

通过游戏体验，感受自由电荷通过不同的通道时顺畅程度不同，知道导体对电流的阻碍作用被称为电阻，提出问题"影响电阻大小的因素有哪些？"并作出合理猜想。

（2）活动Ⅱ　设计与交流

小组根据需探究的因素设计实验方案，注意实验中的变量控制，并通过班级交流和相互评价，完善实验方案。

（3）活动Ⅲ　验证与分析

各组依据设计的实验方案进行实验操作，利用配套软件计算不同导线的电阻大小。在小组获得实验结论的基础上，全班共同分析影响电阻大小的因素。

 实验活动任务单

1. 活动记录

（1）实验猜测：影响电阻大小的因素可能是_____。（选填"材料""长度"或"粗细"）

（2）实验方案：

（3）实验数据记录：

我们小组探究的因素是：_____（选填"材料""长度"或"粗细"），其他因素_____、_____（选填"材料""长度"或"粗细"），保持一致。	
依据探究因素选择的导线	电阻（Ω）
1	
2	
3	

（4）实验结论：影响电阻大小的因素可能是_____。（选填"材料""长度"或"粗细"）

2. 实验评价

达成相关活动要求的，请在"达成情况"一栏中填入一颗"☆"。

活动内容	活动要求	达成情况
作出猜想	能根据活动提出影响电阻大小的因素	
实验操作	能设计实验并验证影响电阻大小的因素	
记录分析	能及时完成实验记录，分析并得出结论	

小组得到的星星数：_____颗。（满星为3颗）

39. 探秘水果电池

 设计背景

本实验选自沪科教版《自然》三年级第二学期第八单元"简单电路"的校本拓展内容。用多量程电流传感器直接测量水果电池中产生的微电流，替代传统实验中用 LED 小灯检测电路，配合数据显示模块，较为直观、便捷、精准地获取实验数据，提高实验效率，丰富学生的科学体验，提高学习兴趣。

 实验教学目标

通过"探秘水果电池"活动，知道水果电池的制作方法，发现在一些水果中插入两片不同金属片后，能产生微弱的电流，提高学习兴趣和动手操作能力，树立数字实证意识。

 实验器材

多量程电流传感器，数据显示模块；LED 小灯，铜片电极，锌片电极，导线，小番茄等。

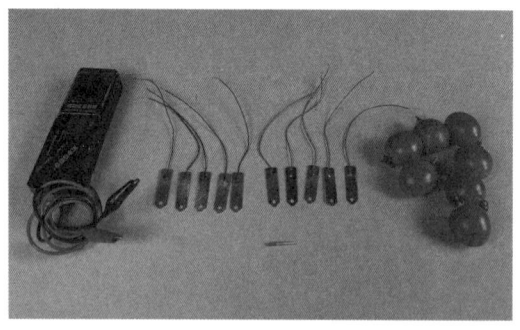

图 1 实验装置图

图 2 本实验操作视频

实验操作

1. 观看视频：扫描二维码，可以观看本实验的操作视频。
2. 注意事项：①多量程电流传感器的量程调至"mA"挡并清零；②实验中，需将多个水果的铜片和锌片串联连接，LED 小灯正极与铜片连接，负极与锌片连接；③实验后，制作水果电池的水果不可食用。

 实验教学流程

1. 流程图

图 3　教学流程图

2. 流程图说明

（1）情景　提出问题

演示水果电池点亮 LED 小灯的实验，激发学习兴趣，提出问题"水果为什么能使小灯发光？"并作出猜测。

（2）活动Ⅰ　交流与制作

交流和设计水果电池的制作方案，合理选择实验材料，制作水果电池；串联多个水果电池，观察 LED 小灯的亮暗情况。

（3）活动Ⅱ　验证与交流

用多量程电流传感器测量水果电池的电流大小，记录实验数据，得出实验结论。

 实验活动任务单

1. 活动记录

（1）实验猜测：水果能使小灯发光是因为水果_____产生电流。（选填"能"或"不能"）

（2）实验方案：

（3）实验数据记录：

实验对象 \ 记录内容	LED 小灯发光情况（选填"亮"或"不亮"）	电流大小（mA）
水果电池		

（4）实验结论：我们发现，水果电池_____产生电流。（选填"能"或"不能"）

2. 实验评价

达成相关活动要求的，请在"达成情况"一栏中填入相应的"☆"数。

活动内容	活动要求	等第标准			达成情况
		☆☆☆	☆☆	☆	
作出猜想	① 积极思考，作出猜测 ② 有理有据，乐于表达	达成2条	达成1条	/	
实验操作	① 分工明确，小组合作 ② 轻声讨论，实验有序 ③ 规范操作，及时整理	达成3条	达成2条	达成1条	
记录分析	① 观察数据，及时上传 ② 分析数据，得出结论	达成2条	达成1条	/	

小组得到的星星数：_____颗。（满星为9颗）

40. 探究影响水果电池电流大小的因素

 ## 设计背景

本实验选自沪科教版《自然》三年级第二学期第八单元"简单电路"的校本拓展内容。用多量程电流传感器直接测量不同的水果电池中产生的微电流,替代传统实验中观察 LED 小灯亮度来判断电流大小的方法;配合数据显示模块,可精准地获取实验的数据,方便学生研究影响水果电池电流大小的各种因素,提高实验效率,形成证据意识。

 ## 实验教学目标

通过"探究影响水果电池电流大小的因素"活动,知道水果电池电流大小与水果品种、电极间距等因素相关,提高方案设计、动手操作和数据分析的能力,形成证据意识。

 ## 实验器材

多量程电流传感器,数据显示模块;LED 小灯,铜片电极,锌片电极,导线,不同的水果等。

图 1　实验装置图

图 2　本实验操作视频

实验操作

1. 观看视频：扫描二维码，可以观看本实验的操作视频。
2. 注意事项：①实验前，多量程电流传感器调节至"mA"挡并清零，多量程电流传感器的红色鱼嘴夹连接铜片电极，黑色鱼嘴夹连接锌片电极；②实验中，教师应强调对比实验中的变量控制；③实验后，制作水果电池的水果不可食用。

 实验教学流程

1. 流程图

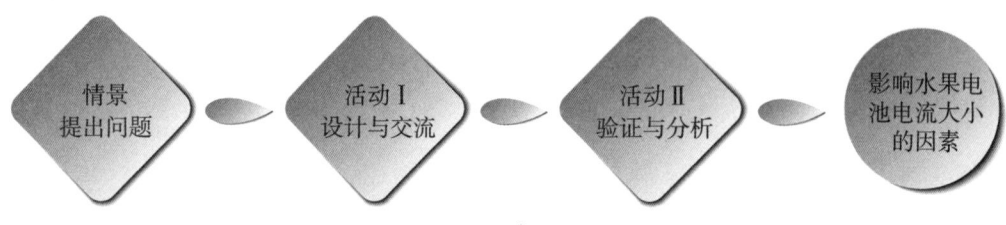

图3　教学流程图

2. 流程图说明

（1）情景　提出问题

用多量程电流传感器测量不同水果电池的电流大小，发现不同水果电池产生的电流大小不同，提出问题"影响水果电池电流大小的因素有哪些？"并作出合理猜想。

（2）活动Ⅰ　设计与交流

小组根据需探究的因素设计实验方案，注意实验中的变量控制，并通过班级交流和相互评价，完善实验方案。

（3）活动Ⅱ　验证与分析

各组依据设计的实验方案进行实验操作，利用多量程电流传感器收集电流大小数据。在小组获得实验结论的基础上，全班共同分析影响水果电池电流大小的因素。

 实验活动任务单

1. 活动记录

（1）实验猜测：可能影响水果电池电流大小的因素为_____。

（2）实验方案：

（3）实验数据记录：

我们小组探究的因素：_____，其他条件保持一致。		
水果电池	依据探究因素选择的实验对象	电流大小（mA）
1		
2		
3		

（4）实验结论：_____。

2. 实验评价

达成相关活动要求的，请在"达成情况"一栏中填入一颗"☆"。

活动内容	活动要求	达成情况
作出猜想	能根据活动提出影响水果电池电流大小的因素	
实验操作	能设计对比实验方案并借助多量程电流传感器开展实验验证	
记录分析	能及时记录实验数据，得出影响水果电池电流大小的因素	

小组得到的星星数：_____颗。（满星为3颗）

41. 模拟家庭电路

设计背景

本实验选自沪教版《科学与技术》四年级第二学期第六单元"电路"。本实验用百变电路套件(含小灯、电源和开关等)替代传统的电路元件,配合导电胶带连接电路,学生可以将设计的电路图和电路连接操作无缝融合,操作简单,较为便捷地实现模拟家庭电路的搭建,提高实验效率,提升实验的趣味性。

实验教学目标

通过"模拟家庭电路"活动,知道家庭电路一般为并联电路,提高动手连接电路和分析、概况能力,激发对电路的探究兴趣。

实验器材

百变电路套件(含小灯、电源和开关等),导电胶带等。

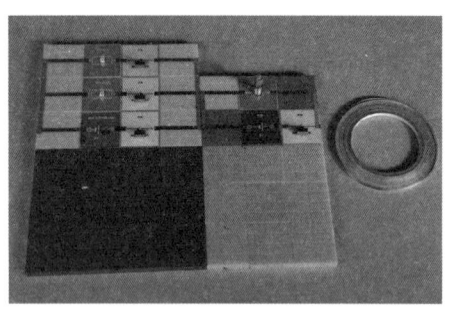

图1 实验装置图

图2 本实验操作视频

实验操作

1. 观看视频:扫描二维码,可以观看本实验的操作视频。
2. 注意事项:①百变电路的电池模块事先要检验,以确保有电;②各电路模块之间用导电胶带连接,需根据需求剪下相应长短的导电胶带,并与模块充分粘贴和接触。

 实验教学流程

1. 流程图

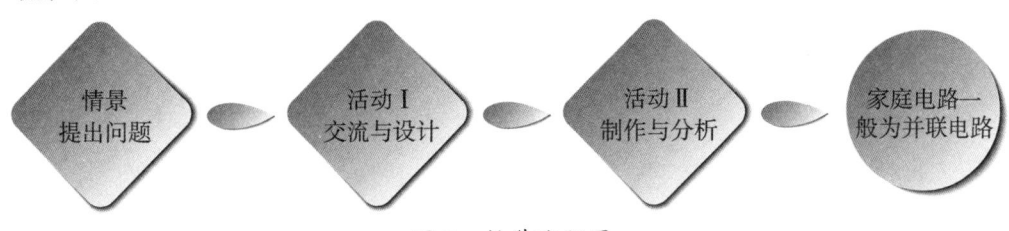

图3　教学流程图

2. 流程图说明

（1）情景　提出问题

回顾之前用一个开关控制两个小电珠的串联和并联电路的内容,交流串联电路和并联电路的不同现象,思考家庭电路应该选用哪种电路连接方式。

（2）活动Ⅰ　交流与设计

小组交流与设计"模拟家庭电路"方案,并在班级交流的基础上,完善家庭电路设计图。

（3）活动Ⅱ　制作与分析

根据家庭电路设计图,用百变电路套件(含小灯、电源和开关等)搭建电路,模拟生活中的电路连接,观察实验现象,得出实验结论。

 实验活动任务单

1. 活动记录

（1）我们的家庭电路设计方案(画出电路图):

（2）实验现象记录：

实验记录	实验对象	开关（选填"开"或"关"）			小灯（选填"亮"或"暗"）	
		总开关	开关1	开关2	小灯1	小灯2
	1					
	2					
	3					
	4					

（3）实验结论：家庭电路一般为_____电路。（选填"串联"或"并联"）

2. 实验评价

达成相关活动要求的，请在"达成情况"一栏中填入相应的"☆"数。

活动内容	活动要求	等第标准		达成情况
		☆☆	☆	
设计方案	① 群策群力，设计方案 ② 设计合理，规范呈现	达成2条	达成1条	
实验操作	① 小组合作，规范操作 ② 轻声讨论，实验有序	达成2条	达成1条	
记录分析	① 观察现象，及时记录 ② 分析现象，得出结论	达成2条	达成1条	

小组得到的星星数：_____颗。（满星为6颗）

（案例实验思路提供者：上海市杨浦区建设小学　朱优琴）

光

42. 探究光的直线传播

 设计背景

双量程光照度传感器能测量单位面积上收到的光通量,并可根据环境照射度改变传感器量程。用它来探究光的直线传播,解决了传统实验中仅用肉眼观察,无可靠数据的问题。

 实验教学目标

通过"探究光的直线传播"活动,知道光是沿直线传播的,提高动手、观察和记录分析实验数据的能力。

 实验器材

双量程光照度传感器,数据显示模块;激光光源盒等。

图1 实验装置图

图2 本实验操作视频

 实验操作

1. 观看视频:扫描二维码,可以观看本实验的操作视频。
2. 注意事项:①实验中双量程光照度传感器前端朝向光源,与光线处在一条直线上;②注意避免激光照射眼睛。

实验教学流程

1. 流程图

图 3　教学流程图

2. 流程图说明

（1）情景　问题与设计

我们能看到物体的影子和日食、月食等现象，都是因为光是沿直线传播的。那你能用实验来证明吗？

（2）活动　实验与交流

先测量并记录室内光和激光光源的光照度，再改变双量程光照度传感器的位置，并记录此时的光照度值。通过比较传感器移动前后的光照度，得出光是沿直线传播的结论。

 实验活动任务单

1. 活动记录

（1）实验数据记录：

实验对象	室内光	激光	移动传感器后采集到的光
光照度（lx）			

（2）实验结论：光是沿_____传播的。（选填"直线"或"曲线"）

2. 实验评价

达成相关活动要求的，请在"达成情况"一栏中填入相应的"☆"数。

活动内容	活动要求	等第标准			达成情况
		☆☆☆	☆☆	☆	
实验设计	① 依据实验器材，设计实验方案 ② 实验方案有一定的依据	达成2条	达成1条	/	
实验操作	① 小组成员分工明确 ② 有序、规范实验 ③ 实验结束后，及时整理器材	达成3条	达成2条	达成1条	
数据分析	① 真实记录实验数据 ② 比较数据并得出结论	达成2条	达成1条	/	

小组得到的星星数：_____颗。（满星为9颗）

43. 探究放大镜的作用

 设计背景

双量程光照度传感器能测量单位面积上收到的光通量,并可根据环境照度改变传感器量程。用它来探究放大镜增加光照度的作用,解决了传统实验中光照度放大不明显、难测量和操作时间过长等问题。

 实验教学目标

通过"探究放大镜的作用"活动,知道放大镜有增加光照度的作用,提高动手、观察和记录分析实验数据的能力。

 实验器材

双量程光照度传感器,数据显示模块;放大镜,手电筒等。

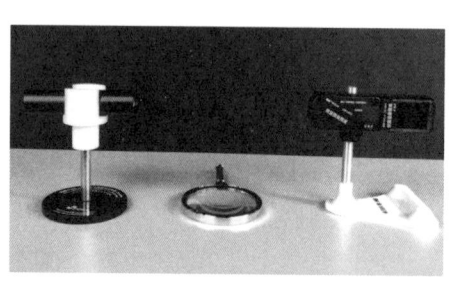

图1 实验装置图

图2 本实验操作视频

 实验操作

1. 观看视频:扫描二维码,可以观看本实验的操作视频。
2. 注意事项:①实验中,双量程光照度传感器前端朝向光源,保持两者距离为30cm;②放大镜的位置需要调节,找到最亮点;③应注意避免手电筒直接照射眼睛；④在户外用放大镜会聚太阳光时，应注意聚光点产生的高温，防止烫伤、火灾等事故。

 实验教学流程

1. 流程图

图 3　教学流程图

2. 流程图说明

（1）情景　问题与猜想

放大镜是凸透镜，它能将平行光线会聚到一点，那聚合后光线的光照度会怎样变化呢？由此提出自己的猜想。

（2）活动　实验与交流

先测量并记录室内光和手电筒光的光照度，再把放大镜放在手电筒和双量程光照度传感器之间，调节放大镜与光源之间的距离，找到最亮点，记录光照度的数值变化；比较记录的数据，得出放大镜有增加光照度作用的结论。

 实验活动任务单

1. 活动记录

（1）实验数据记录

实验对象	室内光	手电筒光	放大镜作用后的手电筒光
光照度（lx）			

（2）实验结论：放大镜有_____光照度的作用。（选填"增加"或"减少"）

2. 实验评价

达成相关活动要求的,请在"达成情况"一栏中填入相应的"☆"数。

活动内容	活动要求	等第标准			达成情况
		☆☆☆	☆☆	☆	
作出猜想	① 对放大镜的作用提出猜想 ② 小组的猜想有一定的依据	达成 2条	达成 1条	/	
实验操作	① 小组成员分工明确 ② 有序、规范实验 ③ 实验结束后,及时整理器材	达成 3条	达成 2条	达成 1条	
数据分析	① 真实记录实验数据 ② 比较数据并得出结论	达成 2条	达成 1条	/	

小组得到的星星数:＿＿＿＿颗。(满星为9颗)

44. 探究深色物体表面的反光性

 ## 设计背景

本实验选自沪远东版《自然》一年级第二学期第六单元"光和色彩"。用双量程光照度传感器替代肉眼观察,让原来视觉感受差异不明显的光反射现象数字化,解决原实验中的难点,提高学生的学习兴趣。

 ## 实验教学目标

通过"探究深色物体表面的反光性"活动,知道深色物体表面也能反射光,表面粗糙和光滑的深色物体反光不同,提高动手能力,培养实事求是的科学态度。

 ## 实验器材

双量程光照度传感器,数据显示模块;黑色绒布,黑色卡纸等。

图1 实验装置图

图2 本实验操作视频

 ## 实验操作

1. 观看视频:扫描二维码,可以观看本实验的操作视频。

2. 注意事项：为确保对比实验的科学性，注意双量程光照度传感器与不同被测物体之间的距离需要保持一致。

 实验教学流程

1. 流程图

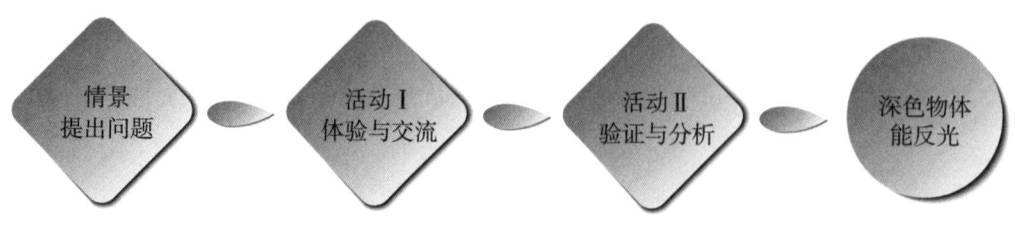

图3 教学流程图

2. 流程图说明

（1）情景　提出问题

观察黑色绒布和黑色卡纸，猜测它们的反光情况，提出问题"深色物体能反射光吗？""表面粗糙和表面光滑的深色物体反光本领一样吗？"。

（2）活动Ⅰ　体验与交流

在观察的基础上，结合日常生活经验，对深色物体反光本领与表面粗糙程度的关系作出猜测。

（3）活动Ⅱ　验证与分析

利用双量程光照度传感器、数据显示模块，以及黑色绒布、黑色卡纸等器材设计实验并操作，获得实验数据，比较其大小，得出结论：表面光滑的深色物体反射光的本领比表面粗糙的深色物体强。

 实验活动任务单

1. 活动记录

（1）实验猜想：深色的物体_____（选填"能"或"不能"）反光，表面光滑的深色物体反射光的本领比表面粗糙的深色物体_____（选填"强"或"弱"）。

（2）实验方案：

（3）实验数据记录：

反光物体	黑色绒布	黑色卡纸
光照度（lx）		

（4）实验结论：深色的物体_____（选填"能"或"不能"）反光，表面光滑的深色物体反射光的本领比表面粗糙的深色物体_____（选填"强"或"弱"）。

2. 实验评价

达成相关活动要求的，请在"达成情况"一栏中填入一颗"☆"。

活动内容	活动要求	达成情况
作出猜想	作出假设，有一定的依据	
观察实验	认真观察实验，读出实验装置中的数字	
解释表达	根据实验数据，说出结论	

小组得到的星星数：_____颗。（满星为3颗）

（案例实验思路提供者：上海市嘉定区实验小学北水湾分校　戴冬琴）

热

45. 测量身体不同部位的体表温度

 设计背景

本实验选自上海市第二师范学校附属小学数字化微课——《温度》。本实验用快速温度传感器替代玻璃棒式温度计或体温计,可以快速、精确地获取人体不同部位的温度数值,并直观地呈现出不同部位的细微温度区别,避免"因学生读数不准产生误差,影响科学结论的得出"问题的发生。

 实验教学目标

通过"测量身体不同部位的体表温度"活动,知道人体不同部位的体温不同,提高数据分析能力。

 实验器材

快速温度传感器,数据显示模块;医用胶布等。

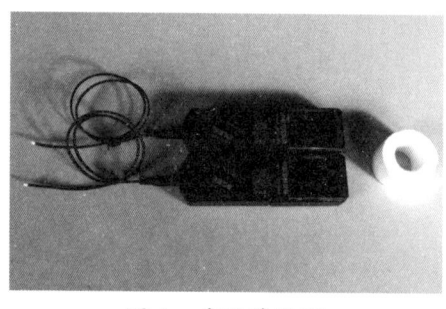

图1 实验装置图

图2 本实验操作视频

 实验操作

1. 观看视频:扫描二维码,可以观看本实验的操作视频。

2. 注意事项：①实验中注意卫生，重复测试前，应用酒精棉球对快速温度传感器探针进行消毒后方可使用；②实验中注意安全，避免随意走动或随意将传感器探针进行非指定测量部位的测量操作。

 实验教学流程

1. 流程图

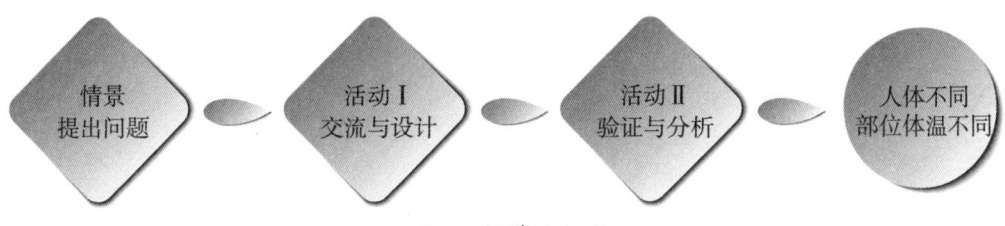

图 3　教学流程图

2. 流程图说明

（1）情景　提出问题

体验"用手摸脸"活动，交流感受，提出问题"人体不同部位的体温一样吗？"。

（2）活动Ⅰ　交流与设计

交流人的正常体温范围，利用所给实验器材设计"测量人体不同部位的体温"实验过程。

（3）活动Ⅱ　验证与分析

操作实验装置，收集实验数据。在教师的引导下，对不同测量对象、不同测量部位测得温度数值，并通过横向和纵向的比较、分析，归纳得出结论。

 实验活动任务单

1. 活动记录

（1）按要求填写测量对象的姓名和测量部位。

温度　　测量部位 姓名				

（2）记录身体不同部位的体温。

（3）实验结论：人体不同部位的体温_____。（选填"相同"或"不同"）

2. 实验评价

达成相关活动要求的，请在"评价结果"一栏中填入相应的"☆"数。

评价维度	评价内容	评价标准			评价结果
		☆☆☆	☆☆	☆	
学业成果	① 用快速温度传感器正确测量体温 ② 正确采集实验数据并记录 ③ 能根据实验数据推导人体不同部位体温的特点	达成3条	达成2条	达成1条	
学习习惯	① 服从安排，有明确分工 ② 有序实验，实验后整理好器材 ③ 互相帮助，群策群力	达成3条	达成2条	达成1条	

小组得到的星星数：_____颗。（满星为6颗）

（案例实验思路提供者：上海市第二师范学校附属小学　徐骥盛、张昕龙、陈佳茵）

46. 比较火焰不同位置的温度

设计背景

本实验选自沪教版《科学与技术》四年级第一学期第七单元"加热与保温"。本实验用高温传感器,配合数据显示模块,相比于水沸腾法、纸张燃烧法等传统的实验方法,可以更安全、准确、快捷地直接测量火焰不同位置的温度,以具体数据呈现出不同位置的温度区别,提升实验的效果。

实验教学目标

通过"比较火焰不同位置的温度"活动,知道火焰不同部位的温度不同,外焰温度最高,提高数据分析能力。

实验器材

高温传感器,数据显示模块;酒精灯,点火器,升降台,铁架台等。

图1 实验装置图

图2 本实验操作视频

实验操作

1. 观看视频:扫描二维码,可以观看本实验的操作视频。

2. 注意事项：①本实验对火焰的稳定性有较高的要求，有条件的可用透明罩进行防风处理；②实验中，应将高温传感器探针前端的固定点置于火焰不同位置进行测量，以减少误差；③受酒精纯度等因素的影响，火焰各位置的温度变化规律相同，但数值会有区别。

实验教学流程

1. 流程图

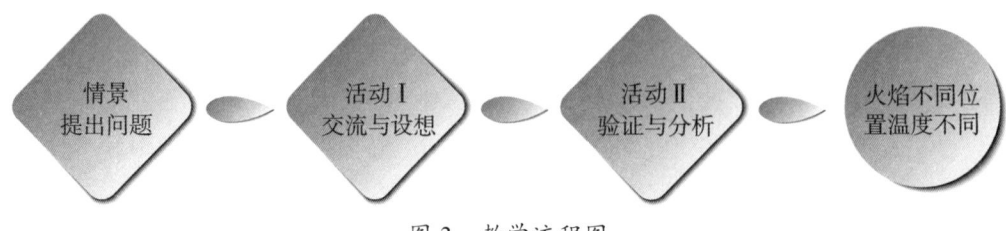

图3 教学流程图

2. 流程图说明

（1）情景 提出问题

回顾并交流"使用酒精灯给物体加热"的基本实验操作要点，针对"酒精灯用外焰加热"这一操作要点，提出问题"为什么要用外焰加热？"。

（2）活动Ⅰ 交流与设想

交流火焰的分层情况和区别（颜色、大小、位置等）。根据生活经验，猜测不同位置的温度是否相同，如不相同，哪一层温度最高。再根据所提供的实验器材设计实验方案。

（3）活动Ⅱ 验证与分析

操作实验装置，收集实验数据，通过数据的对比分析，归纳得出科学结论。

实验活动任务单

1. 活动记录

（1）火焰可分为_____、_____和_____。

（2）实验猜想：不同层的火焰温度_____。（选填"相同"或"不同"）

（3）实验数据记录：

记录位置	温度（℃）

（4）实验结论：火焰不同位置的温度_____（选填"相同"或"不同"），其中_____温度最高。

2. 实验评价

达成相关活动要求的，请在"评价结果"一栏中填入相应的"☆"数。

评价维度	评价内容	评价标准			评价结果
		☆☆☆	☆☆	☆	
学业成果（实验）	① 说出火焰不同位置的名称并设想它们的温度情况 ② 自主设计模拟实验方案 ③ 能根据实验数据推导火焰的温度特点	达成3条	达成2条	达成1条	

小组得到的星星数：_____颗。（满星为3颗）

（案例实验思路提供者：上海市虹口区曲阳第四小学　胡超、陆璐露，

上海市杨浦区杨浦小学　夏添，

上海市第二师范学校附属小学　徐骥盛、张昕龙、陈佳茵）

47. 探究热在固体中的传递

设计背景

本实验选自沪教版《科学与技术》四年级第一学期第七单元"加热与保温"。本实验用温度传感器替代玻璃棒式温度计,可以快速、准确地测量热传导实验器在受热过程中各位置的温度变化,提高实验的精度和效率。

实验教学目标

通过"探究热在固体中的传递"活动,知道在固体中热是沿着物体从温度高的部分向温度低的部分传递,提高数据分析能力。

实验器材

温度传感器,数据显示模块;支架,热传导实验器,酒精灯,点火器等。

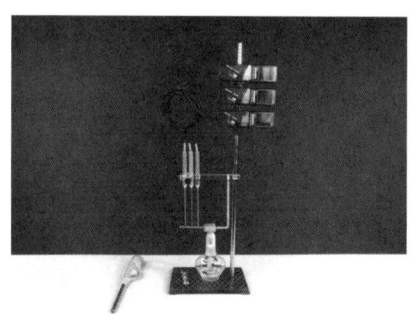

图1 实验装置图

图2 本实验操作视频

实验操作

1. 观看视频:扫描二维码,可以观看本实验的操作视频。
2. 注意事项:①实验中用到多个温度传感器同时测量,需静置一段时间,使各传感器初始数值尽可能保持一致；②实验中，应尽量避免走动、交流等人为因素的影响。

 实验教学流程

1. 流程图

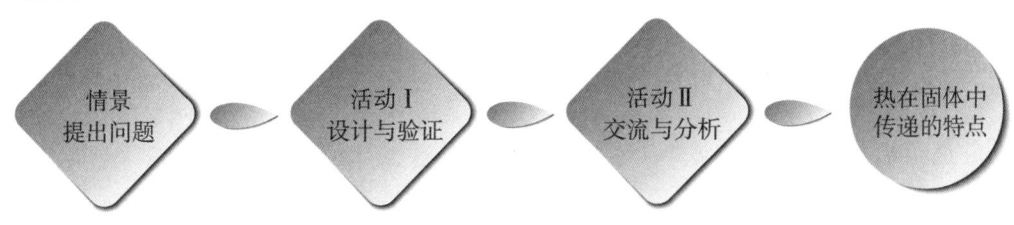

图3 教学流程图

2. 流程图说明

（1）情景 提出问题

触摸浸在热水中金属筷露在空气中的部分片刻时间，交流感受，提出问题："热在固体中是怎样传递的？"

（2）活动Ⅰ 设计与验证

利用实验器材设计实验方案，并设想热在固体内部的传递方式。操作实验装置，收集实验数据并完成活动记录。

（3）活动Ⅱ 交流与分析

交流汇报实验结果，分析后归纳得出结论。

 实验活动任务单

1. 活动记录

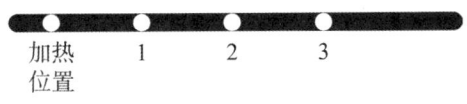

图4 加热实验示意图

（1）实验猜想：加热一段时间，各个点处温度升高的顺序为（从先到后，填位置编号）_____。

（2）实验数据记录：

记录温度（℃） 对应位置	20秒后	40秒后	1分钟后
1			
2			
3			

（3）我们发现：加热过程中，各个点处的温度都在_____（选填"上升"或"下降"），说明热_____（选填"能"或"不能"）沿着固体传递。比较不同点处的温度，发现温度升高的顺序为_____（从先到后，填位置编号）。

（4）实验结论：在固体中，热是从_____传递到_____。

2. 实验评价

达成相关活动要求的，请在"评价结果"一栏中填入相应的"☆"数。

评价维度	评价内容	评价标准			评价结果
		☆☆☆	☆☆	☆	
学业成果（实验）	① 设想各点位可能的温度变化，并说明理由 ② 按流程完成实验记录 ③ 能根据实验现象推导出热在固体中传递的特点	达成3条	达成2条	达成1条	

小组得到的星星数：_____颗。（满星为3颗）

（案例实验思路提供者：上海市虹口区曲阳第四小学　胡超、陆璐露）

48. 探究热对流气体中不同位置的温度

 设计背景

本实验选自沪教版《科学与技术》四年级第一学期第七单元"加热与保温"。用温度传感器替代玻璃棒式温度计,可以提高实验的精度,更方便和精准地观察实验过程中的数据变化。

 实验教学目标

通过"探究热对流气体中不同位置的温度"活动,知道气体发生热对流时热的部分向上流动,提高对实验数据的分析能力。

实验器材

温度传感器,数据显示模块;支架,线香,点火器等。

图1 实验装置图

图2 本实验操作视频

 实验操作

1. 观看视频:扫描二维码,可以观看本实验的操作视频。
2. 注意事项:①实验中应尽量保持测量位置与线香加热位置在同一竖直方向

上,水平方向上处于同一水平面;②在较短距离内,数据易受到热辐射的影响出现小幅变化,需调整好距离;③实验中应尽量避免走动、交流等人为因素的影响。

实验教学流程

1. 流程图

图3 教学流程图

2. 流程图说明

(1)情景 提出问题

承接之前热传导的学习内容,提出问题:"热是怎样在气体中传递的?"

(2)活动Ⅰ 交流与设想

交流实验方法,设想线香加热位置周围不同地方空气温度的变化。

(3)活动Ⅱ 验证与分析

架设并操作实验装置,收集实验数据,分析归纳得出结论。

实验活动任务单

1. 活动记录

(1)测量室温为_____℃。

(2)实验数据记录:

测量位置	上方	下方	侧方
温度(℃)			
与室温比较 (选填"明显升高""明显降低"或"基本一致")			

(3)加热过程中,温度变化较为明显的是加热位置的_____(选填"上方""下方"或"侧方"),温度_____(选填"明显升高""明显降低"或"基本不变")了。

(4)实验结论:空气加热后,温度较高的部分会向_____(选填"上方""下方"或"侧方")流动。

2. 实验评价

达成相关活动要求的，请在"评价结果"一栏中填入相应的"☆"数。

评价维度	评价内容	评价标准			评价结果
		☆☆☆	☆☆	☆	
学业成果 （实验）	① 设想空气加热后不同位置的温度情况 ② 会控制距离，用温度传感器测量并记录数据 ③ 能根据实验现象推导热对流过程中温度较高部分的流动方向	达成3条	达成2条	达成1条	
学习习惯	① 服从安排，有明确分工 ② 有序实验，实验后整理好器材 ③ 互相帮助，群策群力	达成3条	达成2条	达成1条	

小组得到的星星数：_____颗。（满星为 6 颗）

（案例实验思路提供者：上海市虹口区曲阳第四小学　胡超、陆璐露）

49. 探究热对流液体中不同位置的温度

设计背景

本实验选自沪教版《科学与技术》四年级第一学期第七单元"加热与保温"。本实验用快速温度传感器替代玻璃棒式温度计，配合数据显示模块，可以方便地伸入回形管的内部且能快速、精准地测量不同位置水温变化的数据，便于学生通过分析对比各位置的温度数据，得出实验结论。

实验教学目标

通过"探究热对流液体中不同位置的温度"活动，知道液体在发生热对流时，较热部分向上流动，提高数据分析能力。

实验器材

快速温度传感器，数据显示模块；支架，装有水的回形管，酒精灯，点火器等。

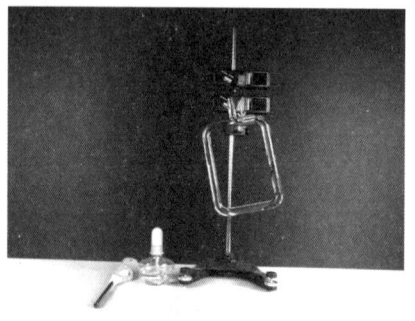

图1 实验装置图

图2 本实验操作视频

实验操作

1. 观看视频：扫描二维码，可以观看本实验的操作视频。

2. 注意事项：①实验中，应尽量避免走动、交流等人为因素的影响；②快速温度传感器的两根探针需浸没在水中，并提前检查防水性。

实验教学流程

1. 流程图

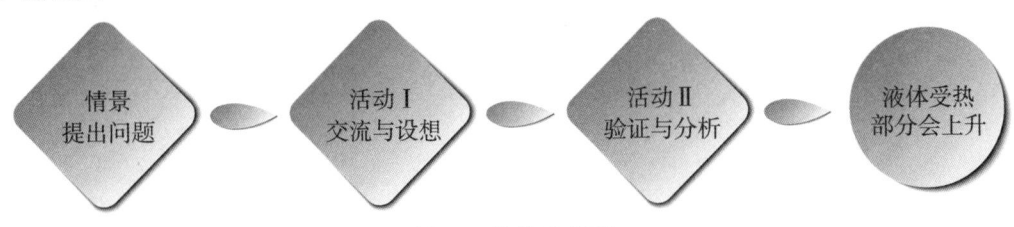

图 3　教学流程图

2. 流程图说明

（1）情景　提出问题

回顾复习同一单元"热传导"学习内容，提出问题："热在液体中是怎样传递的？"

（2）活动Ⅰ　交流与设想

观察教师搭建好的演示实验装置，交流实验装置中水加热后可能的传热情况。设想对应情况下，不同测温位置在不同时间点的水温变化情况。

（3）活动Ⅱ　验证与分析

在教师加热对应位置的过程中，收集实验数据。根据各组交流反馈的实验现象，分析后归纳得出结论。

实验活动任务单

1. 活动记录

（1）实验数据记录：

对应位置温度（℃） 记录时间（s）	测温位置1	测温位置2
10		
20		
30		

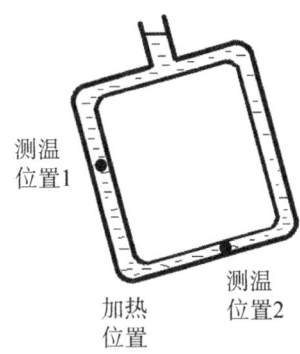

图 4　加热实验示意图

（2）我们发现：水是热的不良导体，加热后，两个测温位置的水温在短时间内_____（选填"有"或"没有"）明显变化。由此可以推断，这种热传递的方式_____（选填"是"或"不是"）热传导；其中，测温位置_____（选填"1"或"2"）的温度更早出现明显变化，说明这种热传递的方向是_____（选填"有"或"没有"）规律的。

（3）实验结论：液体受热后，温度会_____（选填"上升""下降"或"不变"），且温度高的部分会向_____（选填"上方"或"侧方"）流动。

2. 实验评价

达成相关活动要求的，请在"评价结果"一栏中填入相应的"☆"数。

评价维度	评价内容	评价标准			评价结果
		☆☆☆	☆☆	☆	
学业成果（实验）	① 观察实验现象并按流程完成数据记录 ② 根据实验数据进行分析记录 ③ 能根据分析推导出液体对流传热的特点	达成3条	达成2条	达成1条	

小组得到的星星数：_____颗。（满星为3颗）

（案例实验思路提供者：上海市虹口区曲阳第四小学　胡超、陆璐露）

50. 探究辐射热在空气中的消耗

 设计背景

本实验选自沪教版《科学与技术》四年级第一学期第七单元"加热与保温"。本实验用温度传感器替代玻璃棒式温度计，配合数据显示模块，可以准确、快速地测量离热源不同距离位置处的温度变化情况，便于学生根据所记录到的温度数据变化展开分析归纳。

 实验教学目标

通过"探究辐射热在空气中的消耗"活动，知道在空气中辐射热的传递距离越远，消耗也越多，提高数据分析能力。

 实验器材

温度传感器，数据显示模块；支架，热源等。

图1　实验装置图　　　　　　　图2　本实验操作视频

 实验操作

1. 观看视频：扫描二维码，可以观看本实验的操作视频。
2. 注意事项：①实验中用到多个温度传感器同时测量，需通过静置或电扇吹等方式尽可能使各传感器的初始数值保持一致；②实验中，应根据辐射源位置将各温度传感器的探针朝同一方向摆放。

 实验教学流程

1. 流程图

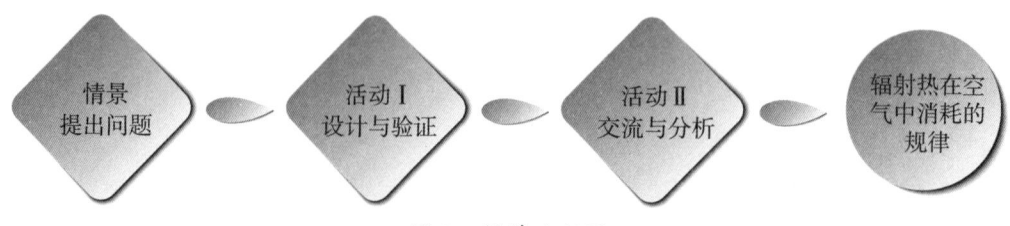

图3 教学流程图

2. 流程图说明

（1）情景　提出问题

感受在热源侧面不同距离处的取暖效果，提出问题"在空气中，是不是距离越远，辐射热消耗就越多？"并作出猜想。

（2）活动Ⅰ　设计与验证

利用实验器材设计实验方案。在各组分享交流实验方案的基础上进行优化、完善。搭建并操作实验装置，结合收集到的实验数据完成活动记录。

（3）活动Ⅱ　交流与分析

各组汇报交流活动记录，分析归纳得出结论。

 实验活动任务单

1. 活动记录

（1）温度传感器初始温度是_____℃。

（2）1号温度传感器到热源的距离比2号温度传感器到热源的距离_____（选填"远"或"近"）。打开热源后，_____（选填"1"或"2"）号温度传感器的数据变化更明显。

（3）实验结论：在空气中，辐射热_____（选填"会"或"不会"）被消耗，传递距离越远，消耗越_____（选填"多"或"少"）。

2. 实验评价

达成相关活动要求的，请在"评价结果"一栏中填入相应的"☆"数。

评价维度	评价内容	评价标准			评价结果
		☆☆☆	☆☆	☆	
学业成果（实验）	① 对辐射热在空气中的消耗特点或规律作出猜想 ② 按流程完成实验记录 ③ 能根据实验现象推导实验结论	达成3条	达成2条	达成1条	

小组得到的星星数：_____ 颗。（满星为 3 颗）

51. 探究热辐射的特点

 设计背景

本实验选自沪教版《科学与技术》四年级第一学期第七单元"加热与保温"。本实验用温度传感器替代玻璃棒式温度计，配合数据显示模块，可以快速、精准地观察实验过程中两支温度传感器温度数据的变化，帮助学生通过对实验数据的分析，自主发现和总结热辐射的特点。

 实验教学目标

通过"探究热辐射的特点"活动，知道热辐射具有"沿直线向外传递"的特点，提高分析推理能力。

 实验器材

温度传感器，数据显示模块；支架，木片，热源等。

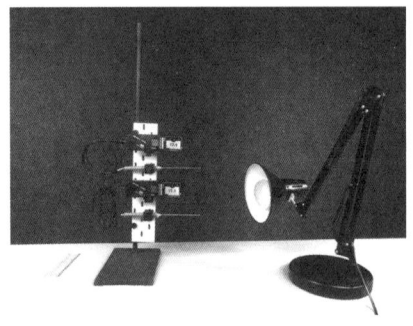

图 1　实验装置图

图 2　本实验操作视频

 实验操作

1. 观看视频：扫描二维码，可以观看本实验的操作视频。

2. 注意事项：①实验中用到多个温度传感器同时测量，需通过静置或电扇吹等方式，使各传感器初始数值尽可能保持一致；②实验中，应将各温度传感器的探针正对热源方向。

 实验教学流程

1. 流程图

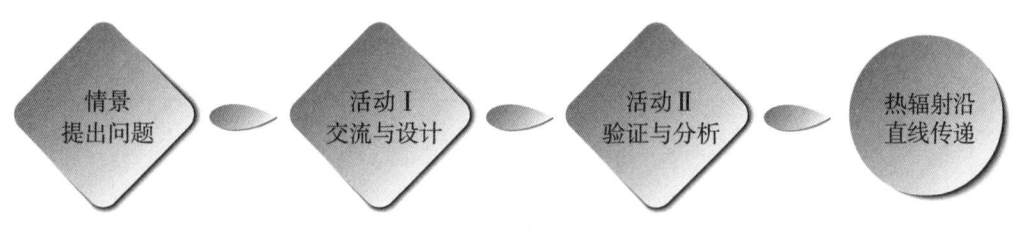

图 3　教学流程图

2. 流程图说明

（1）情景　提出问题

观察"太阳热量传递到地球"场景图片，提出问题"太阳的热是通过何种方式传递到地球的？"并作出猜想。

（2）活动Ⅰ　交流与设计

比较太阳传热方式和热传导、热对流等热传递方式的区别，认识"热辐射"。利用实验器材设计实验方案，在交流讨论的基础上对方案进行改进，并注意实验安全事项。

（3）活动Ⅱ　验证与分析

搭建并操作实验装置，观察实验数据变化并做好活动记录。根据活动记录，分析归纳得出热辐射"沿直线向外传递"的特点。

 实验活动任务单

1. 活动记录

（1）打开热源前，两支温度传感器的初始温度分别是_____℃、_____℃。

（2）打开热源后，两支温度传感器显示的温度读数_____。用木片遮挡其中一支温度传感器，一段时间后，被遮挡的温度传感器显示的温度读数_____，未被遮挡的温度传感器显示的温度读数_____。（均选填"变大""变小"或"不变"）

（3）实验结论：热辐射具有_____的特点。

2. 实验评价

达成相关活动要求的，请在"评价结果"一栏中填入相应的"☆"数。

评价维度	评价内容	评价标准			评价结果
		☆☆☆	☆☆	☆	
学业成果（实验）	① 通过分析，区分不同的热传递方式 ② 按流程完成实验记录 ③ 能根据实验现象推导出热辐射的传递特点	达成3条	达成2条	达成1条	

小组得到的星星数：_____颗。（满星为3颗）

（案例实验思路提供者：上海市虹口区曲阳第四小学　胡超、陆璐露）

52. 比较不同颜色物体吸收辐射热的本领

设计背景

本实验选自沪教版《科学与技术》四年级第一学期第七单元"加热与保温"。本实验用温度传感器替代玻璃棒式温度计,可以优化实验过程,改变以往实验数据较难获取的问题,并弥补实验数据的误差,便于学生通过分析精准的数据得出科学结论。

实验教学目标

通过"比较不同颜色物体吸收辐射热的本领"活动,知道物体吸收辐射热的本领大小与物体表面颜色的深浅有关,物体表面颜色越深,吸收辐射热的本领越大,提高分工合作、细致观察和数据分析等能力。

实验器材

温度传感器,数据显示模块;支架,颜色深浅不同的各色螺母,热源等。

图1 实验装置图

图2 本实验操作视频

实验操作

1. 观看视频:扫描二维码,可以观看本实验的操作视频。
2. 注意事项:①实验中用到多个温度传感器同时测量,需通过静置、电扇吹等方式尽可能使各传感器的初始数值保持一致；②实验过程中，应将温度传感器的探针正对热源。

 实验教学流程

1. 流程图

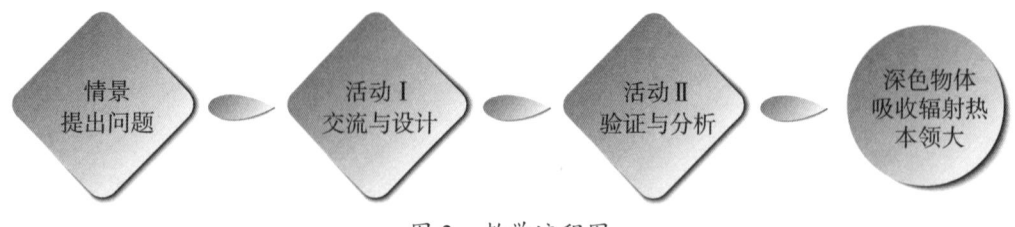

图 3　教学流程图

2. 流程图说明

（1）情景　提出问题

结合生活经验，讨论夏天人们在穿衣颜色上的习惯，并提出"夏天出行，选什么颜色的衣服更凉快"的问题。

（2）活动 I　交流与设计

交流实验方法后，利用温度传感器、支架、各色螺母等实验器材设计对比实验方案。

（3）活动 II　验证与分析

操作实验装置，收集实验数据。结合实验数据，交流各组发现，并通过对各组实验结果的对比分析，从中找寻规律并得出科学结论。

 实验活动任务单

1. 活动记录

（1）对比颜色与实验数据记录。

对比颜色 \ 温度(℃)	初始温度	1分钟后
颜色1：		
颜色2：		

（2）比较一段时间后的温度变化。

我们的发现：_____比_____吸收热辐射的本领大。

其他组发现：_____比_____吸收热辐射的本领大。

　　　　　　_____比_____吸收热辐射的本领大。

（3）实验结论：物体吸收辐射热的本领大小与物体表面颜色的_____有关，表面颜色越_____，吸收辐射热的本领越大。

2. 实验评价

达成相关活动要求的，请在"评价结果"一栏中填入相应的"☆"数。

评价维度	评价内容	评价标准			评价结果
		☆☆☆	☆☆	☆	
学业成果	① 自主设计模拟实验 ② 根据实验数据，发现变化规律 ③ 能综合其他组的实验结果分析推导	达成3条	达成2条	达成1条	
学习习惯	① 服从安排，有明确分工 ② 按设计方案有序、规范实验 ③ 实验后及时整理好器材	达成3条	达成2条	达成1条	

小组得到的星星数：_____颗。（满星为6颗）

（案例实验思路提供者：上海市虹口区曲阳第四小学　胡超、陆璐露）

53. 探究水的蒸发现象

 设计背景

本实验选自同济大学附属实验小学、上海市嘉定区安亭小学和上海市嘉定区马陆小学的校本课程"水的三态变化"学习内容。本实验用温度传感器替代玻璃棒式温度计，配合数据显示模块，可以更方便地观察与记录涂抹在传感器探针上的水在蒸发过程中传感器温度数据的细微变化，帮助学生通过对数据的分析，发现水在蒸发时的温度变化规律。

 实验教学目标

通过"探究水的蒸发现象"活动，知道水在蒸发时会带走周围环境的热量，使物体的温度降低，提高观察和实验分析能力。

 实验器材

温度传感器，数据显示模块；铁架台，装有水的烧杯，抹布，棉花等。

图 1　实验装置图

图 2　本实验操作视频

实验操作

1. 观看视频：扫描二维码，可以观看本实验的操作视频。
2. 注意事项：①实验中应使用室温条件的水，并使温度传感器的初始温度和水温保持一致；②实验开始时，因为用湿棉花擦拭传感器探头以及手的热传导现象，读数会有短时增大现象；③实验过程中，应尽量避免走动、交流等人为因素的影响。

 实验教学流程

1. 流程图

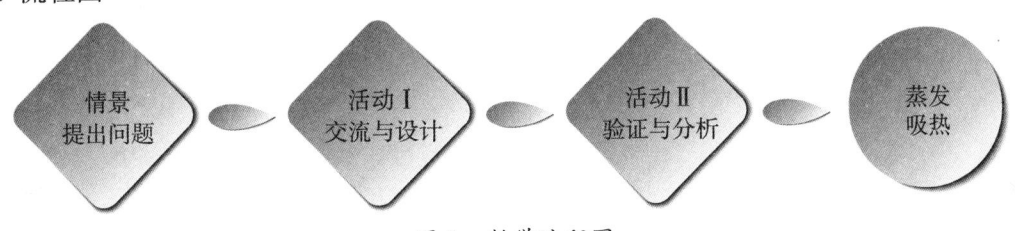

图 3　教学流程图

2. 流程图说明

（1）情景　提出问题

交流"在洗手后，水自然蒸发过程中手上的感受"，提出问题："为什么干手过程中会觉得凉？"

（2）活动Ⅰ　交流与设计

结合生活经验，交流各自想法并提出猜想。利用提供的实验器材设计并交流方案。

（3）活动Ⅱ　验证与分析

搭配并操作实验装置，收集实验数据，分析归纳得出结论。

 实验活动任务单

1. 活动记录

（1）实验数据记录：

当前室温为_____℃。

（2）实验结论：水在蒸发过程中，物体温度会_____（选填"升高"或"降低"）。由此可知，蒸发过程中，水会_____（选填"吸收"或"释放"）热量。

2. 实验评价

达成相关活动要求的,请在"评价结果"一栏中填入相应的"☆"数。

评价维度	评价内容	评价标准			评价结果
		☆☆☆	☆☆	☆	
学业成果（实验）	① 利用实验器材,设计模拟实验 ② 会用温度传感器测量水蒸发过程中物体的温度 ③ 能根据实验现象推导水蒸发过程中物体热量的变化	达成3条	达成2条	达成1条	
学习习惯	① 服从安排,有明确分工 ② 有序实验,实验后整理好器材 ③ 互相帮助,群策群力	达成3条	达成2条	达成1条	

小组得到的星星数：_____颗。（满星为6颗）

（案例实验思路提供者：同济大学附属实验小学　陈豪，
　　　　　　　　　　　上海市嘉定区安亭小学　张特榕，
　　　　　　　　　　　上海市嘉定区马陆小学　施展霞）

54. 探究水的沸腾现象

设计背景

本实验选自同济大学附属实验小学、上海市嘉定区安亭小学和上海市嘉定区马陆小学三年级校本课程"水的三态变化"学习内容。本实验用温度传感器替代玻璃棒式温度计,配合数据显示模块,可以更方便地观察与记录水在持续加热过程中温度数据的细微变化,帮助学生通过对数据的分析,发现水沸腾时的温度变化规律。

实验教学目标

通过"探究水的沸腾现象"活动,知道水有沸点,在沸腾时温度保持不变,提高观察和实验分析能力。

实验器材

温度传感器,数据显示模块;支架,酒精灯,点火器,石棉网,装有水的烧杯等。

图 1 实验装置图

图 2 本实验操作视频

实验操作

1. 观看视频：扫描二维码，可以观看本实验的操作视频。
2. 注意事项：①加热水至沸腾所需时间与初始水温及倒入空烧杯中的水量有关，建议提前根据酒精灯火力、烧杯容量设定倒入的水量，如使用热水，需由教师帮助注入烧杯；②实验中，用酒精灯进行加热，教师需加强巡视；③在不同的气压情况下，水的沸点温度会有所不同，实验主要是帮助学生观察到水在沸腾时温度保持不变的现象，从而推测出水有沸点。

 实验教学流程

1. 流程图

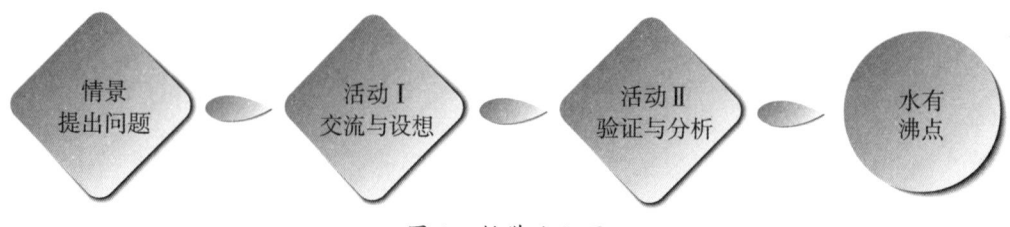

图 3　教学流程图

2. 流程图说明

　（1）情景　提出问题

　观察烧开水的过程，提出问题："水沸腾时，温度是怎样变化的？"

　（2）活动Ⅰ　交流与设想

　利用实验器材设计并交流实验方案，设想水烧开沸腾时可能的温度变化情况。

　（3）活动Ⅱ　验证与分析

　搭建并操作实验装置，收集实验数据，分析归纳得出结论。

 实验活动任务单

1. 活动记录

　（1）实验猜想：水沸腾时，温度可能_____。（选填"上升""下降"或"不变"）

（2）实验数据记录：

序号	温度（℃）	序号	温度（℃）
1		6	
2		7	
3		8	
4		9	
5		10	

（3）实验结论：加热初期，水温_____（选填"上升""下降"或"不变"）；沸腾时，水温_____（选填"上升""下降"或"不变"）。由此可知，水_____（选填"有"或"没有"）沸点。

2. 实验评价

达成相关活动要求的，请在"评价结果"一栏中填入相应的"☆"数。

评价维度	评价内容	评价标准			评价结果
		☆☆☆	☆☆	☆	
学业成果（实验）	① 根据经验，设想水沸腾时的温度变化 ② 会用数据记录表进行实验记录 ③ 能根据实验现象推导水是否有沸点	达成3条	达成2条	达成1条	
学习习惯	① 服从安排，有明确分工 ② 有序实验，实验后整理好器材 ③ 互相帮助，群策群力	达成3条	达成2条	达成1条	

小组得到的星星数：_____颗。（满星为6颗）

（案例实验思路提供者：同济大学附属实验小学　陈豪，

上海市嘉定区安亭小学　张特榕，

上海市嘉定区马陆小学　施展霞）

55. 探究冰融化时的特点

 设计背景

本实验选自同济大学附属实验小学、上海市嘉定区安亭小学和上海市嘉定区马陆小学三年级校本课程"水的三态变化"学习内容。本实验用温度传感器替代玻璃棒式温度计，配合数据显示模块，可以更方便地观察与记录冰在融化时温度数据的变化情况，帮助学生通过对数据的分析，发现温度变化的规律。

 实验教学目标

通过"探究冰融化时的特点"活动，知道冰有熔点，冰在融化时温度保持不变，提高观察和实验分析能力。

 实验器材

温度传感器，数据显示模块；支架，烧杯（装有冰）等。

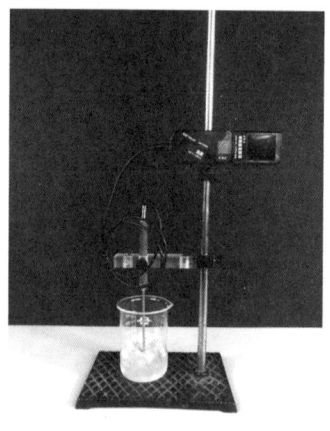

图 1 实验装置图

图 2 本实验操作视频

实验操作

1. 观看视频：扫描二维码，可以观看本实验的操作视频。
2. 注意事项：冰在融化时的速度快慢易受周围环境温度等因素的影响，实验过程中应尽量减少人为走动、风、热源等对实验的影响，从而引导学生观察与分析冰在融化时温度保持不变的现象，推测出冰有熔点。

 实验教学流程

1. 流程图

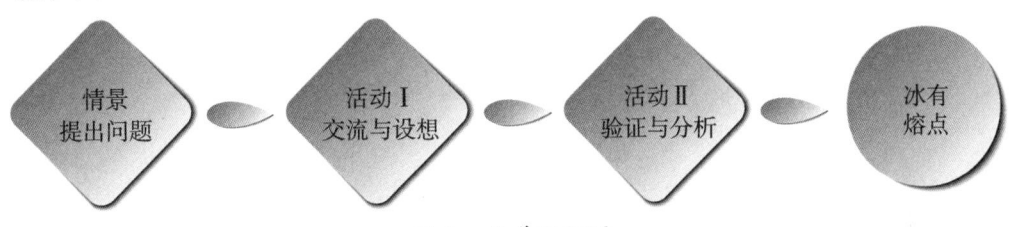

图 3　教学流程图

2. 流程图说明

（1）情景　提出问题

观察冰雪融化的过程，提出问题："冰在融化的过程中，温度是怎样变化的？"

（2）活动Ⅰ　交流与设想

利用实验器材，小组合作探讨交流实验方法，并设想冰融化过程中的温度变化。

（3）活动Ⅱ　验证与分析

搭建并操作实验装置，收集实验数据；根据实验数据作分析推导，归纳得出结论。

 实验活动任务单

1. 活动记录

（1）实验数据记录：

序号	温度（℃）	序号	温度（℃）
1		6	
2		7	
3		8	
4		9	
5		10	

（2）实验现象与结论：测试开始时，冰处于_____（选填"没有""正在"或"几乎全部"）融化的状态，且温度_____（选填"上升""下降"或"不变"）；一段时间后，温度_____（选填"有"或"没有"）变化趋势，温度_____（选填"上升""下降"或"不变"）；取出试管观察，试管内_____（选填"有"或"没有"）冰。由此可知，冰_____（选填"有"或"没有"）熔点。

2. 实验评价

达成相关活动要求的，请在"评价结果"一栏中填入相应的"☆"数。

评价维度	评价内容	评价标准			评价结果
		☆☆☆	☆☆	☆	
学业成果（实验）	① 设想冰融化过程中的温度变化 ② 用数据记录表进行实验记录 ③ 能根据实验现象推导冰是否有熔点	达成3条	达成2条	达成1条	
学习习惯	① 服从安排，有明确分工 ② 有序实验，实验后整理好器材 ③ 互相帮助，群策群力	达成3条	达成2条	达成1条	

小组得到的星星数：_____颗。（满星为6颗）

（案例实验思路提供者：同济大学附属实验小学　陈豪，

上海市嘉定区安亭小学　张特榕，

上海市嘉定区马陆小学　施展霞）

56. 探究水凝固时的特点

 设计背景

本实验选自同济大学附属实验小学、上海市嘉定区安亭小学和上海市嘉定区马陆小学三年级校本课程"水的三态变化"学习内容。本实验用温度传感器替代玻璃棒式温度计，配合数据显示模块，可以更方便地观察与记录水在降温过程中温度数据的细微变化，帮助学生通过对数据的分析，发现水在凝固时的温度变化规律。

 实验教学目标

通过"探究水凝固时的特点"活动，知道水有凝固点，在凝固时温度保持不变，提高观察和实验分析能力。

 实验器材

温度传感器，数据显示模块；支架，升降台，烧杯，冰碴，试管（内装常温水），盐，药匙，搅拌棒等。

图1　实验装置图

图2　本实验操作视频

实验操作

1. 观看视频：扫描二维码，可以观看本实验的操作视频。
2. 注意事项：①因实验中需使用大量冰，要避免学生直接接触冰或装冰的容器，避免冻伤；②水量的多少会影响冰的凝结速度，需提前进行测试调整；③水的凝固温度易受环境因素影响，实验主要是帮助学生观察到水在凝固时温度保持不变的现象，从而推测出水有凝固点。

 实验教学流程

1. 流程图

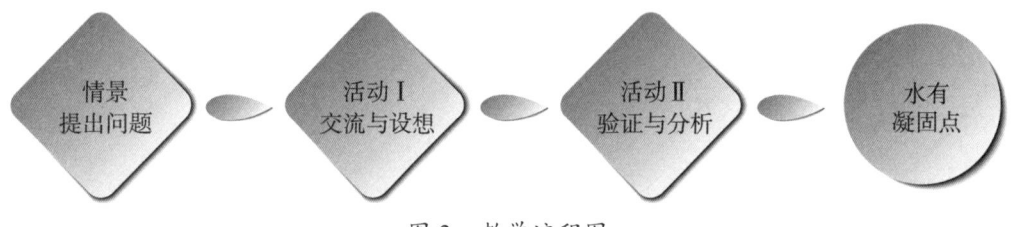

图 3　教学流程图

2. 流程图说明

（1）情景　提出问题

观察"水凝结成冰"的过程，提出问题："水在凝固过程中，温度是怎样变化的？"

（2）活动Ⅰ　交流与设想

利用实验器材设计并交流实验方案，同时设想水在凝固过程中温度变化情况。

（3）活动Ⅱ　验证与分析

搭配并操作实验装置，收集实验数据，分析后归纳得出结论。

 实验活动任务单

1. 活动记录

（1）实验数据记录：

序号	温度（℃）	序号	温度（℃）
1		6	
2		7	
3		8	

（续表）

序号	温度（℃）	序号	温度（℃）
4		9	
5		10	

（2）实验结论：在实验初期，将装有水的试管插入冰中，温度_____（选填"上升""下降"或"不变"）；一段时间后，温度_____（选填"有"或"没有"）变化趋势，温度_____（选填"上升""下降"或"不变"）；取出试管观察，试管内_____（选填"有"或"没有"）冰。由此可知，水_____（选填"有"或"没有"）凝固点。

2. 实验评价

达成相关活动要求的，请在"评价结果"一栏中填入相应的"☆"数。

评价维度	评价内容	评价标准			评价结果
		☆☆☆	☆☆	☆	
学业成果（实验）	① 设想水凝固时可能的温度变化 ② 会用数据记录表进行实验记录 ③ 能根据实验现象推导水是否有凝固点	达成3条	达成2条	达成1条	
学习习惯	① 服从安排，有明确分工 ② 有序实验，实验后整理好器材 ③ 互相帮助，群策群力	达成3条	达成2条	达成1条	

小组得到的星星数：_____颗。（满星为6颗）

（案例实验思路提供者：同济大学附属实验小学　陈豪，
上海市嘉定区安亭小学　张特榕，
上海市嘉定区马陆小学　施展霞）

材料

57. 探究不同材料的导电性

设计背景

本实验选自沪科教版《自然》三年级第二学期"简单电路"单元，通过探究不同材料的导电性，认识导体和绝缘体。本实验运用多量程电流传感器替代传统电流表测量微电流，解决了传统实验中微电流变化难以测量的难题，为学生观察微电流数据提供了便利。

实验教学目标

通过"探究不同材料的导电性"活动，知道不同材料的导电性不同，如铅棒可以导电、雪弗板不能导电，提高实验操作能力，养成实事求是的科学精神。

实验器材

多量程电流传感器，数据显示模块，玻璃导电实验器；雪弗板，铅棒等。

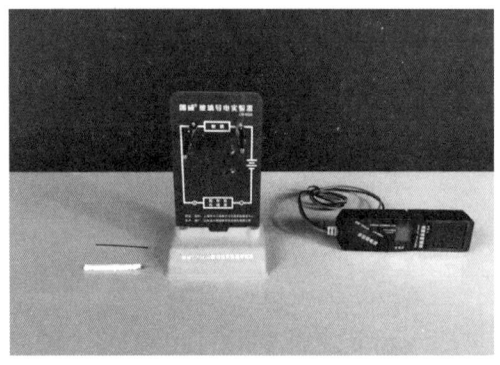

图 1　实验装置图

图 2　本实验操作视频

实验操作

1. 观看视频：扫描二维码，可以观看本实验的操作视频。
2. 注意事项：实验过程中保证玻璃导电实验器上的鳄鱼夹与待测材料充分接触，以免影响实验结果。

 实验教学流程

1. 流程图

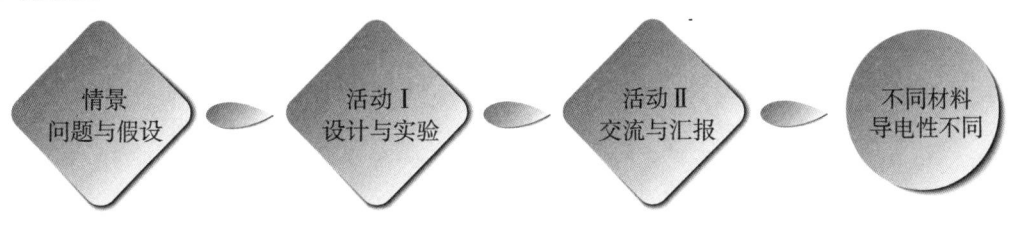

图3　教学流程图

2. 流程图说明

（1）情景　问题与假设

你知道哪些材料容易传导电流，哪些材料不容易传导电流？不同材料的导电性一样吗？你能用实验的方法来证明吗？

（2）活动Ⅰ　设计与实验

利用多量程电流传感器、数据显示模块，以及玻璃导电实验器等器材搭建实验装置。采集并记录流过雪弗板、铅棒的电流大小。

（3）活动Ⅱ　交流与汇报

各小组交流实验数据，通过讨论得出"不同材料导电性不同"的结论。

 实验活动任务单

1. 活动记录

（1）实验猜想：不同的材料，导电性_____。（选填"相同"或"不同"）

（2）实验方案：

（3）实验数据记录：

实验数据 \ 测试材料	雪弗板	铅棒
电流大小（mA）		

（4）实验结论：不同的材料，导电性_____。（选填"相同"或"不同"）

2. 实验评价

达成相关活动要求的，请在"达成情况"一栏中填入相应的"☆"数。

活动内容	活动要求	等第标准 ☆☆	等第标准 ☆	达成情况
作出猜想	① 对不同材料的导电性提出猜想 ② 小组的猜想有一定的依据	达成2条	达成1条	
设计方案	① 用文字或符号呈现实验过程 ② 能根据实验材料设计实验方案	达成2条	达成1条	
实验操作	① 能检测铅棒和雪弗板的导电性 ③ 实验结束后，及时整理器材	达成2条	达成1条	
数据分析	① 能分析实验数据 ② 能归纳总结出实验结论	达成2条	达成1条	

小组得到的星星数：_____颗。（满星为8颗）

（案例实验思路提供者：上海市崇明区明珠小学　陆荣）

58. 探究自来水能否导电

 设计背景

本实验选自沪远东版《自然》四年级第一学期第五单元"家庭用电"。利用多量程电流传感器测量通过"浸润自来水的棉线"中的微电流,解决了传统实验中电流表难以观察微电流数据变化的难题,提高课堂教学的信息化与科技化水平。

 实验教学目标

通过"探究自来水能否导电"活动,知道自来水也是导体,进一步提高实验操作能力,养成安全用电的意识。

 实验器材

多量程电流传感器,数据显示模块,玻璃导电实验器;自来水,棉线,镊子等。

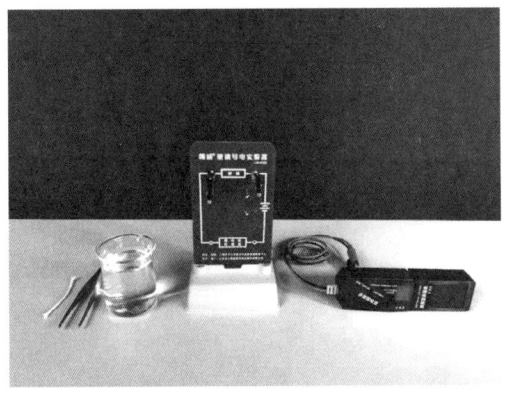

图1 实验装置图

图2 本实验操作视频

 实验操作

1. 观看视频:扫描二维码,可以观看本实验的操作视频。

2. 注意事项：实验中需先将棉绳完全浸没在自来水中，然后将其取出夹在玻璃导电实验器的两个鳄鱼夹之间。

 实验教学流程

1. 流程图

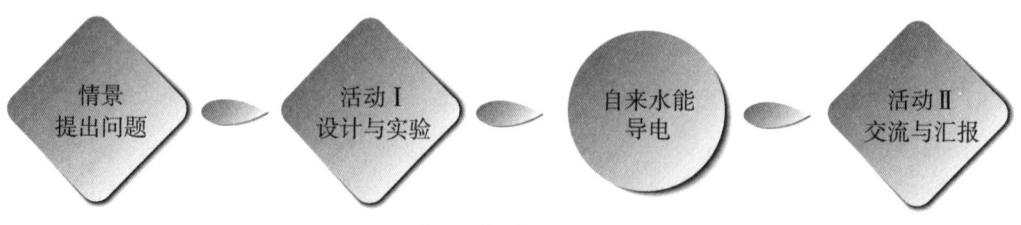

图 3　教学流程图

2. 流程图说明

（1）情景　提出问题

通过观察生活中的一些触电的现象，提出问题"自来水能导电吗？"并作出猜想。

（2）活动Ⅰ　设计与实验

利用微电流传感器、玻璃导电实验器、自来水、棉线等器材设计实验方案，搭建实验装置并操作，采集并记录通过"浸润自来水的棉线"中的微电流大小。

（3）活动Ⅱ　交流与汇报

各小组交流实验成果，汇总实验数据，得出结论：自来水能导电，是导体。

 实验活动任务单

1. 活动记录

（1）实验猜想：自来水_____（选填"能"或"不能"）导电，是_____（选填"导体"或"绝缘体"）。

（2）实验方案：

（3）实验数据记录：

实验数据 \ 测试材料	干燥的棉线	浸润自来水的棉线
电流大小（mA）		

（4）实验结论：自来水_____（选填"能"或"不能"）导电，是_____（选填"导体"或"绝缘体"）。

2. 实验评价

达成相关活动要求的，请在"达成情况"一栏中填入相应的"☆"数。

活动内容	活动要求	等第标准 ☆☆	等第标准 ☆	达成情况
作出猜想	① 对自来水能否导电作出猜想 ② 小组的猜想有一定的依据	达成2条	达成1条	
设计方案	① 用文字或符号呈现实验过程 ② 能根据实验材料设计实验方案	达成2条	达成1条	
实验操作	① 能按规范的操作方法连接电路 ② 能科学记录实验数据 ③ 正确判断测试材料是否为导体	达成2条	达成1条	
团队合作	① 小组合作完成实验，分工明确 ② 全班交流时，分享想法	达成2条	达成1条	

小组得到的星星数：_____颗。（满星为8颗）

59. 探究不同液体的导电性

 设计背景

本实验选自沪科教版《自然》教材三年级第二学期第八单元"简单电路"单元。利用多量程电流传感器和玻璃导电实验器组成能直接测量电流的电路，替代传统搭建电路来检测不同液体的导电性的方法；配合数据显示模块，就可以直观地以数据显示不同液体的导电情况，解决了传统实验中用小电珠无法判断液体是否导电的难题。

 实验教学目标

通过"探究不同液体的导电性"活动，知道不同液体的导电性不同：盐水可以导电，纯净水不能导电。进一步提高实验操作能力，树立安全用电意识，养成实事求是的科学精神。

 实验器材

多量程电流传感器，数据显示模块，玻璃导电实验器；铁棒，纯净水，盐水等。

图 1　实验装置图

图 2　本实验操作视频

实验操作

1. 观看视频：扫描二维码，可以观看本实验的操作视频。
2. 注意事项：实验过程中保证铁棒与液体直接接触，不能仅仅接触杯壁，以免影响实验结果。

 实验教学流程

1. 流程图

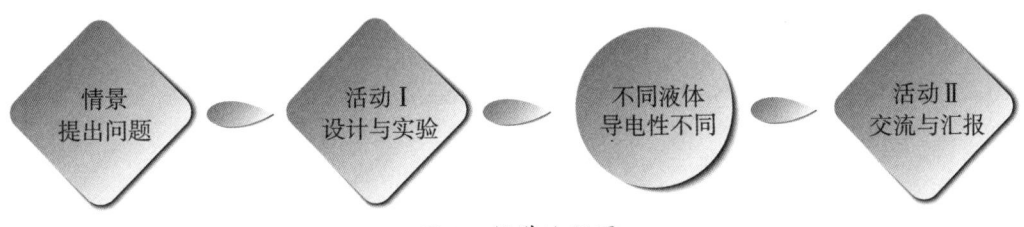

图 3　教学流程图

2. 流程图说明

（1）情景　提出问题

讨论交流"能用湿布擦拭电灯泡吗？"，提出问题"水也能导电吗？"并作出猜测。

（2）活动 I　设计与实验

利用微电流传感器、玻璃导电实验器和铁棒设计实验，搭建实验装置并操作，将铁棒分别插入盐水和纯净水中，采集并记录通过不同液体的微电流大小。

（3）活动 II　交流与汇报

各小组交流实验成果，汇总实验数据，得出结论：盐水是导体，纯净水是绝缘体，不同液体的导电性不同。

 实验活动任务单

1. 活动记录

　　（1）实验猜想：不同的液体，导电性_____。（选填"相同"或"不同"）

　　（2）实验方案：

（3）实验数据记录：

数据记录 \ 测试液体	纯净水	盐水
电流大小（mA）		

（4）实验结论：盐水_____，纯净水是_____；（均选填"导体"或"绝缘体"）
不同的液体，导电性_____。（选填"相同"或"不同"）

2. 实验评价

达成相关活动要求的，请在"达成情况"一栏中填入相应的"☆"数。

活动内容	活动要求	等第标准 ☆☆	等第标准 ☆	达成情况
作出猜想	① 对不同液体的导电性提出猜想 ② 小组的猜想有一定的依据	达成2条	达成1条	
设计方案	① 用文字或符号呈现实验过程 ② 能根据实验材料设计实验方案	达成2条	达成1条	
实验操作	① 能检测盐水和纯净水的导电性 ② 能细致观察数据变化	达成2条	达成1条	
数据分析	① 能分析实验数据 ② 能归纳总结出实验结论	达成2条	达成1条	

小组得到的星星数：_____颗。（满星为8颗）

（案例实验思路提供者：上海市崇明区明珠小学　陆荣）

60. 探究让玻璃导电的方法

设计背景

本实验选自沪远东版《自然》四年级第一学期第五单元"家庭用电"。利用微电流传感器测量玻璃在加热前后的导电性变化，研究绝缘体的绝缘性能和温度是否相关。本实验不仅现象观察极为方便，而且可以将传统实验条件下用微安计进行的定性观察转变为定量研究。

实验教学目标

通过"探究让玻璃导电的方法"活动，知道玻璃在加热后会变成导体，知道当条件改变时，绝缘体也能成为导体，进一步提高动手能力，树立辩证意识，养成实事求是的科学态度。

实验器材

微电流传感器，数据显示模块，玻璃导电实验器；点火枪等。

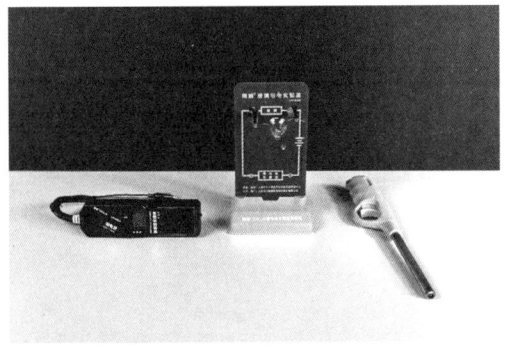

图 1　实验装置图

图 2　本实验操作视频

实验操作

1. 观看视频：扫描二维码，可以观看本实验的操作视频。
2. 注意事项：实验过程中必须使用外焰加热被测玻璃块，避免加热导线，以免影响实验结果。

 实验教学流程

1. 流程图

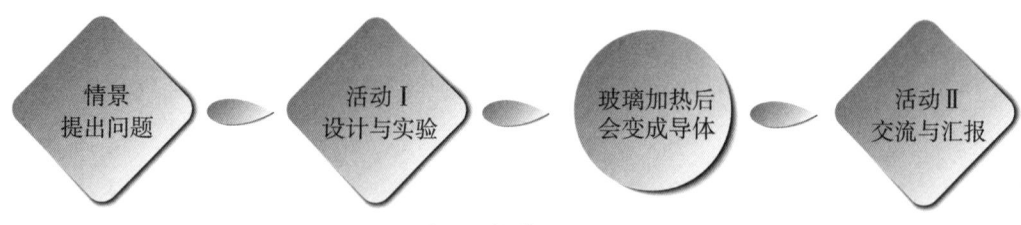

图 3　教学流程图

2. 流程图说明

（1）情景　提出问题

在判断导体和绝缘体实验中，玻璃不能让电流通过使小电珠发光，是绝缘体。但当条件改变时，它也能成为导体。通过交流，提出问题"玻璃在什么条件下能导电？"并作出猜想。

（2）活动Ⅰ　设计与实验

利用微电流传感器、玻璃导电实验器等设计实验方案。搭建并操作实验器材，采集并记录实验数据。通过分析微电流数值，探究玻璃导电性的变化。

（3）活动Ⅱ　交流与汇报

各小组交流实验数据，班级汇总得出结论：玻璃在加热条件下会由绝缘体变成导体。

 实验活动任务单

1. 活动记录

（1）实验猜想：玻璃在_____条件下能导电。

（2）实验方案：

（3）实验数据记录：

记录时间 实验数据	加热前	加热后	冷却后
电流大小（μA）			

（4）实验结论：玻璃在_____条件下能导电。

2. 实验评价

达成相关活动要求的，请在"达成情况"一栏中填入相应的"☆"数。

活动内容	活动要求	等第标准			达成情况
		☆☆☆	☆☆	☆	
作出猜想	① 对让玻璃导电的条件提出猜想 ② 小组的猜想有一定的依据	达成 2条	达成 1条	/	
设计方案	① 用文字或符号呈现实验过程 ② 能根据实验材料设计实验方案	达成 2条	达成 1条	/	
实验操作	① 能按规范的操作方法连接电路 ② 能科学记录实验数据 ③ 正确判断测试材料是否为导体	达成 3条	达成 2条	达成 1条	
团队合作	① 小组合作完成实验，分工明确 ② 全班交流时，分享想法	达成 2条	达成 1条	/	

小组得到的星星数：_____颗。（满星为 12 颗）

（案例实验思路提供者：上海市普陀区长征中心小学　陶沁雨）

61. 探究金属热胀冷缩的规律

 设计背景

本实验选自沪科教版《自然》三年级第一学期第七单元"热传导与热胀冷缩"。利用热胀冷缩实验器和力传感器,可以看到铜丝加热后,产生的拉力会减小,冷却后又会恢复的现象,通过数据变化说明金属会热胀冷缩。

 实验教学目标

通过"探究金属热胀冷缩的规律"活动,知道铜丝受热会膨胀,冷却会收缩,提高实验操作能力,培养实事求是的科学精神。

 实验器材

力传感器,数据显示模块,热胀冷缩实验器(含铜丝);铁支架,酒精灯,点火枪等。

图1　实验装置图

图2　本实验操作视频

 实验操作

1. 观看视频:扫描二维码,可以观看本实验的操作视频。

2. 注意事项：①注意酒精灯使用规范，使用外焰加热铜丝；②熄灭酒精灯时，用灯帽覆盖，严禁吹灭火焰的危险行为；③严禁触碰加热后的实验材料，避免烫伤。

 实验教学流程

1. 流程图

图3　教学流程图

2. 流程图说明

（1）情景　提出问题

通过观察铜线加热后和冷却后，悬挂的重物能否自由摆动，思考"铜丝经加热和冷却后，分别会有怎样的变化？"并作出猜想。

（2）活动Ⅰ　设计与实验

利用热胀冷缩实验器和力传感器设计实验方案。搭建实验装置并进行实验操作，采集并记录铜丝在加热前、加热后和冷却后产生的拉力值。

（3）活动Ⅱ　交流与汇报

通过各小组交流实验数据，分析得出结论：铜丝受热会膨胀，冷却会收缩。

 实验活动任务单

1. 活动记录

（1）实验猜想：铜丝受热会_____，冷却会_____。（均选填"膨胀"或"收缩"）

（2）实验方案：

（3）实验数据记录：

实验数据 \ 采集时间	加热前	加热后	冷却后
产生的拉力（N）			

（4）实验结论：铜丝受热会_____，冷却会_____。（均选填"膨胀"或"收缩"）

2. 实验评价

达成相关活动要求的，请在"达成情况"一栏中填入相应的"☆"数。

活动内容	活动要求	等第标准 ☆☆	等第标准 ☆	达成情况
作出猜想	① 对金属受热和冷却后的变化提出猜想 ② 小组的猜想有一定的依据	达成2条	达成1条	
设计方案	① 用文字或符号呈现实验过程 ② 注意实验条件的公平性	达成2条	达成1条	
实验操作	① 小组成员分工明确 ② 实验结束后，及时整理器材	达成2条	达成1条	
数据分析	① 完整描述数据变化的特点 ② 全面分析数据并得出结论	达成2条	达成1条	

小组得到的星星数：_____颗。（满星为8颗）

（案例实验思路提供者：上海市长宁区江苏路第五小学　田宇捷）

62. 比较不同金属受热膨胀的区别

设计背景

本实验选自沪科教版《自然》三年级第一学期第七单元"热传导与热胀冷缩"。利用热胀冷缩实验器和力传感器,可以看到金属丝加热后,产生的拉力会减小,冷却后又会恢复;依据测量数据,可以推测出不同金属受热膨胀的程度不同。

实验教学目标

通过"比较不同金属受热膨胀的区别"活动,知道铜丝和铁丝受热后会膨胀;知道不同的金属受热膨胀的程度不同;进一步提高实验操作能力,培养实事求是的科学精神。

实验器材

力传感器,无线发射模块,平板电脑(含软件),热胀冷缩实验器(含铜丝、铁丝);铁支架,酒精灯,点火枪等。

图1 实验装置图

图2 本实验操作视频

实验操作

1. 观看视频：扫描二维码，可以观看本实验的操作视频。
2. 注意事项：①注意酒精灯使用规范，使用外焰同时加热两根金属丝；②熄灭酒精灯时，用灯帽覆盖，严禁吹灭火焰的危险行为；③严禁触碰加热后的实验材料，避免烫伤。

 实验教学流程

1. 流程图

图3　教学流程图

2. 流程图说明

（1）情景　提出问题

通过观察铁轨中的缝隙，思考铁轨的热胀冷缩现象。在讨论和交流后，提出问题"不同的金属热膨胀的程度是否相同？"并作出猜想。

（2）活动Ⅰ　设计与实验

利用热胀冷缩实验器和力传感器设计实验方案。搭建实验装置并进行实验操作，利用平板电脑收集实验数据，采集并记录两种金属丝在加热前、加热后和冷却后产生的拉力值。

（3）活动Ⅱ　交流与汇报

通过各小组交流实验数据，分析得出结论：不同金属受热膨胀的程度不同。

 实验活动任务单

1. 活动记录

（1）实验猜想：不同的金属受热膨胀的程度_____。（选填"相同"或"不同"）

（2）实验方案：

（3）实验数据记录：

数据记录时间	实验数据	铜丝产生的拉力（N）	铁丝产生的拉力（N）
未加热			
加热后			
冷却后			

（4）实验结论：不同的金属受热膨胀的程度_____。（选填"相同"或"不同"）

2. 实验评价

达成相关活动要求的，请在"达成情况"一栏中填入相应的"☆"数。

| 活动内容 | 活动要求 | 等第标准 | | 达成情况 |
		☆☆	☆	
作出猜想	① 对不同金属受热膨胀程度提出猜想 ② 小组的猜想有一定的依据	达成 2条	达成 1条	
设计方案	① 用文字或符号呈现实验过程 ② 注意实验条件的公平性	达成 2条	达成 1条	
实验操作	① 小组成员分工明确 ② 实验结束后，及时整理器材	达成 2条	达成 1条	
数据分析	① 完整描述数据变化的特点 ② 全面分析数据并得出结论	达成 2条	达成 1条	

小组得到的星星数：_____颗。（满星为8颗）

（案例实验思路提供者：上海市长宁区江苏路第五小学　田宇捷）

63. 比较不同布料的保温性能

设计背景

本实验选自沪远东版《自然》三年级第一学期第三单元"随处可见的材料"。运用温度传感器记录被不同布料保温的冰水的温度变化，通过采集实时数据解决传统实验中难以观察细微温度变化的难题，为实验提供直观、准确的证据，使实验更加科学、严谨。

实验教学目标

通过"比较不同布料的保温性能"活动，知道不同布料保温性能不同，提高动手、观察和实验分析等能力。

实验器材

温度传感器，数据显示模块；冰水混合物，试管，橡胶塞，毛巾，牛仔布，尼龙布等。

图1 实验装置图

图2 本实验操作视频

实验操作

1. 观看视频：扫描二维码，可以观看本实验的操作视频。
2. 注意事项：①实验过程中注意手不可直接触摸布料，以免手的温度影响实验结果；②每支试管中加入的冰水量保持一致。

 实验教学流程

1. 流程图

图3　教学流程图

2. 流程图说明

（1）情景　提出问题

通过观察不同的布料，交流不同布料的特点并猜测不同布料的保温性能是否相同。

（2）活动Ⅰ　设计与实验

利用温度传感器与不同材质的布料等材料，设计实验方案。搭建实验装置，进行实验操作，采集和记录经过相同时间后，不同布料保温下冰水混合物的温度。

（3）活动Ⅱ　交流与汇报

通过各小组交流、汇总、比对实验数据，得出结论：不同布料的保温性能不同。

 实验活动任务单

1. 活动记录

（1）实验猜想：不同的布料，保温性能_____。（选填"相同"或"不同"）

（2）实验方案：

（3）实验数据记录：

记录温度（℃） 测试布料	开始时	相同时间后	温度差
毛巾			
牛仔布			
尼龙布			

（4）实验结论：不同的布料，保温性能_____。（选填"相同"或"不同"）

2. 实验评价

达成相关活动要求的，请在"达成情况"一栏中填入相应的"☆"数。

活动内容	活动要求	等第标准		达成情况
		☆☆	☆	
作出猜想	① 对不同布料的保温性能提出猜想 ② 小组的猜想有一定的依据	达成 2条	达成 1条	
设计方案	① 用文字或符号呈现实验过程 ② 注意实验条件的公平性	达成 2条	达成 1条	
实验操作	① 小组成员分工明确 ② 实验结束后，及时整理器材	达成 2条	达成 1条	
数据分析	① 比较出不同布料保温性能的高低 ② 全面分析数据并得出结论	达成 2条	达成 1条	

小组得到的星星数：_____颗。（满星为8颗）

（案例实验思路提供者：上海市松江区新闵学校　张婷）

64. 比较不同布料的透气性

 设计背景

本实验选自沪远东版《自然》三年级第一学期第三单元"随处可见的材料"。本实验利用相对湿度传感器测量透过不同布料的水汽，比较它们的透气性，解决了传统实验中难以直接观察实验现象来比较透气性能的难题，使实验更加科学、严谨。

 实验教学目标

通过"比较不同布料的透气性"活动，知道不同布料的透气本领不同，提高动手、观察和实验分析等能力。

 实验器材

相对湿度传感器，数据显示模块；热水，滴管，试管，毛巾，橡皮筋等。

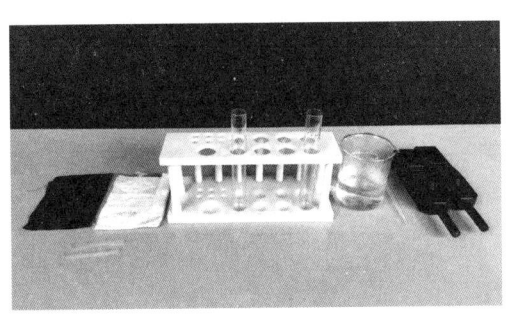

图 1　实验装置图　　　　　图 2　本实验操作视频

 实验操作

1. 观看视频：扫描二维码，可以观看本实验的操作视频。
2. 注意事项：实验中务必注意使用橡皮筋扎紧试管口，传感器前端紧贴布料，以获取准确数据。

实验教学流程

1. 流程图

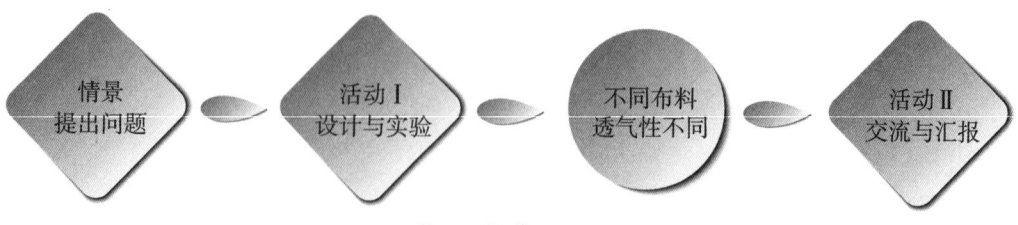

图 3　教学流程图

2. 流程图说明

（1）情景　提出问题

观看采访运动员的视频，交流"布料的哪种特性直接影响了体感舒适度？"，进一步思考问题"不同的布料透气性一样吗？"并作出猜想。

（2）活动Ⅰ　设计与实验

利用相对湿度传感器和不同材质的布料设计实验方案。搭建实验装置并操作，采集并记录由透过不同布料的水汽所形成的相对湿度。

（3）活动Ⅱ　交流与汇报

通过各小组交流、汇总实验数据，得出普遍结论：不同布料的透气性能不同。

 实验活动任务单

1. 活动记录

（1）实验猜想：不同的布料，透气性_____。（选填"相同"或"不同"）

（2）实验方案：

（3）实验数据记录：

数据记录 \ 测试布料	毛巾	尼龙布
相对湿度（%）		

（4）实验结论：不同的布料，透气性_____。（选填"相同"或"不同"）

2. 实验评价

达成相关活动要求的，请在"达成情况"一栏中填入相应的"☆"数。

活动内容	活动要求	等第标准 ☆☆	等第标准 ☆	达成情况
作出猜想	① 对不同布料的透气性作出猜想 ② 小组的猜想有一定的依据	达成 2条	达成 1条	
设计方案	① 搭建出正确的实验装置 ② 注意实验条件的公平性	达成 2条	达成 1条	
实验操作	① 小组成员分工明确 ② 实验结束后，及时整理器材	达成 2条	达成 1条	
数据分析	① 比较出不同布料的透气性强弱 ② 全面分析数据并得出结论	达成 2条	达成 1条	

小组得到的星星数：_____颗。（满星为8颗）

（案例实验思路提供者：上海市松江区新闵学校　李敏）

65. 比较不同材料的导热性能

设计背景

本实验选自沪科教版《自然》三年级第一学期第七单元"热传递与热胀冷缩"。本实验运用温度传感器代替传统温度计,能快速采集温度变化数据,并可利用软件绘制铜棒、铝棒和铁棒受热后温度上升折线图,为学生直观了解不同材料的导热性能提供了便利。

实验教学目标

通过"比较不同材料的导热性能"活动,知道不同材质的物体传导热的速度不同,提高动手、观察和实验分析等能力。

实验器材

温度传感器,数据显示模块,热传导实验器;酒精灯,铁架台,点火枪等。

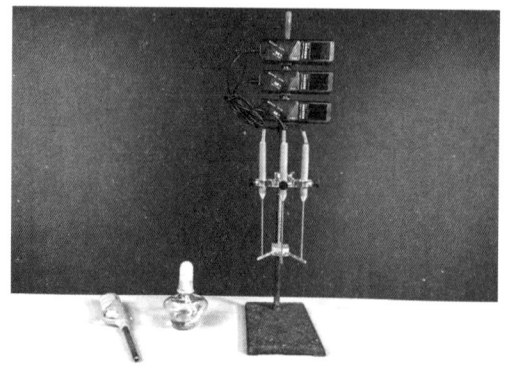

图1　实验装置图

图2　本实验操作视频

实验操作

1. 观看视频：扫描二维码，可以观看本实验的操作视频。
2. 注意事项：①实验过程中要注意酒精灯的使用规范，确保实验的严谨性和安全性；②3个温度传感器分别固定在铜棒、铝棒和铁棒相同位置的测温点上，以保证其到加热点的距离相同。

 实验教学流程

1. 流程图

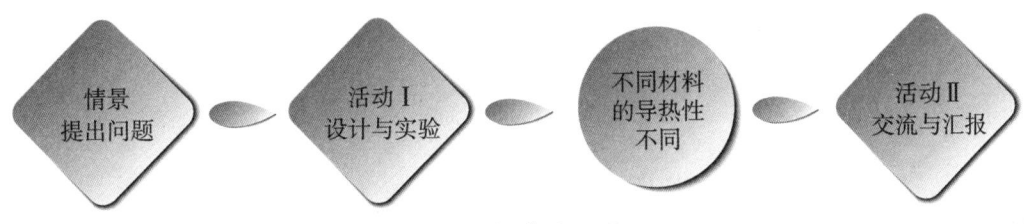

图3　教学流程图

2. 流程图说明

（1）情景　提出问题

通过讨论生活中有哪些材料被做成调羹，它们谁热得快，从而进一步思考"不同材料的导热性能相同吗？"并作出猜测。

（2）活动Ⅰ　设计与实验

利用温度传感器与热传导实验器，设计实验方案并搭建实验装置。完成实验操作，采集并记录实验数据。

（3）活动Ⅱ　交流与汇报

通过各小组交流、汇总、比对实验数据，得出结论：不同材料的导热性能不同。

 实验活动任务单

1. 活动记录

（1）实验猜想：不同材质的物体传导热的速度_____。（选填"相同"或"不同"）

（2）实验方案：

（3）实验数据记录：

记录温度(℃) 测试材料	加热前	加热后	变化温度
铝			
铜			
铁			

（4）实验结论：不同材质的物体传导热的速度_____。（选填"相同"或"不同"）

2. 实验评价

达成相关活动要求的，请在"达成情况"一栏中填入相应的"☆"数。

活动内容	活动要求	等第标准		达成情况
		☆☆	☆	
作出猜想	① 对不同材料的导热性能提出猜想 ② 小组的猜想有一定的依据	达成2条	达成1条	
设计方案	① 用文字或符号呈现实验过程 ② 注意实验条件的公平性	达成2条	达成1条	
实验操作	① 能发现不同材料传热的快慢不同 ③ 实验结束后，及时整理器材	达成2条	达成1条	
数据分析	① 完整描述数据变化的特点 ② 全面分析数据并得出结论	达成2条	达成1条	

小组得到的星星数：_____颗。（满星为8颗）

（案例实验思路提供者：上海市奉贤区江山小学　陈亮）

66. 探究不同液体的浮力大小

 设计背景

本实验选自沪教版《科学与技术》三年级第二学期第五单元"浮力的研究"。本实验运用力传感器代替弹簧测力计,能快速、准确地测量物体在不同液体中所受的浮力,提高实验效率。

 实验教学目标

通过"探究不同液体的浮力大小"活动,知道不同液体产生的浮力大小不同,提高动手、观察和实验分析等能力。

 实验器材

力传感器,数据显示模块;升降台,铁架台,钩码,纯净水,食盐水,烧杯等。

图1　实验装置图

图2　本实验操作视频

 实验操作

1. 观看视频:扫描二维码,可以观看本实验的操作视频。
2. 注意事项:实验时注意烧杯中的水量,通过调节升降台高度,使钩码完全浸没于液体中,且不能碰到烧杯底部,待数据稳定后才能记录。

实验教学流程

1. 流程图

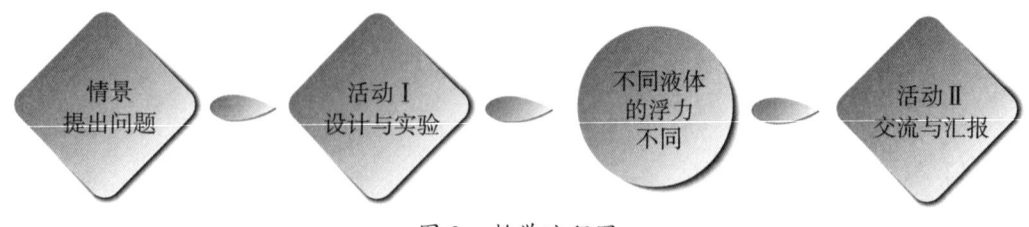

图 3　教学流程图

2. 流程图说明

（1）情景　提出问题

通过观察人在死海中漂浮的现象，提出问题"不同的液体，浮力大小一样吗？"并作出猜想。

（2）活动Ⅰ　设计与实验

利用力传感器、升降台、铁架台、钩码、纯净水、食盐水等材料设计实验方案，搭建实验装置并操作，采集并记录钩码在空气中和浸没在不同液体中所受的重力。

（3）活动Ⅱ　交流与汇报

各小组计算钩码在不同液体中受到的浮力，交流汇总实验数据，得出结论：不同液体的浮力大小不同。

 ## 实验活动任务单

1. 活动记录

（1）实验猜想：不同液体的浮力大小_____。（选填"相同"或"不同"）

（2）实验方案：

（3）实验数据记录：

钩码浸没的液体 \ 力传感器示数（N）	在空气中	浸没溶液中	浮力（示数差）
食盐水			
纯净水			

（4）实验结论：不同液体的浮力大小_____。（选填"相同"或"不同"）

2. 实验评价

达成相关活动要求的，请在"达成情况"一栏中填入相应的"☆"数。

活动内容	活动要求	等第标准 ☆☆	等第标准 ☆	达成情况
作出猜想	① 猜想不同液体的浮力大小是否相同 ② 小组的猜想有一定的依据	达成2条	达成1条	
设计方案	① 用文字或符号呈现实验过程 ② 注意实验条件的公平性	达成2条	达成1条	
实验操作	① 小组成员分工明确 ② 实验结束后，及时整理器材	达成2条	达成1条	
数据分析	① 完整描述数据变化的特点 ② 全面分析数据并得出结论	达成2条	达成1条	

小组得到的星星数：_____颗。（满星为8颗）

（案例实验思路提供者：上海市徐汇区高安路第一小学　张敏、杨晓旭、骆晨）

67. 探究不同纸张的张力大小

 设计背景

本实验选自校本课程"各种各样的纸"第一单元"认识纸",通过探究活动知道不同纸张的张力大小是不同的。本实验运用力传感器和小型材料试验机替代了传统实验中钩码的堆叠,利用软件采集到纸张断裂瞬间所受的拉力最大值,通过数据来比较不同纸张的张力大小,解决了实验数据模糊的难题。

 实验教学目标

通过"探究不同纸张的张力大小"活动,知道不同纸张的张力大小不一样;在与传统实验比较后,感悟科学技术的发展对于科学探究活动的影响。

 实验器材

力传感器,数据显示模块,平板电脑(含软件);小型材料试验机,餐巾纸,报纸等。

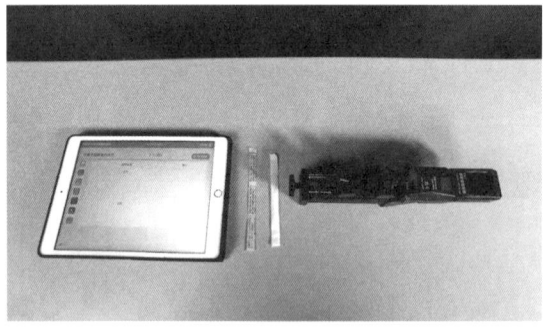

图1　实验装置图

图2　本实验操作视频

实验操作

1. 观看视频：扫描二维码，可以观看本实验的操作视频。
2. 注意事项：①待测材料宽度≤3cm，长度≤4cm；②待测材料经夹持后表面应保持平整，不能存在褶皱、印痕等现象；③实验时，要缓慢转动旋钮，让待测纸张逐渐撕裂，以获取较为精准的实验数据。

 实验教学流程

1. 流程图

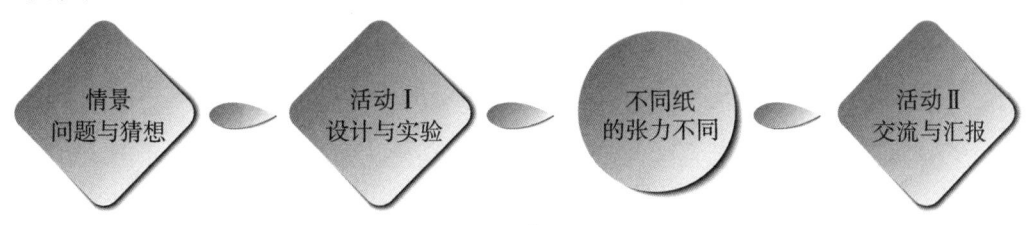

图 3　教学流程图

2. 流程图说明

（1）情景　问题与猜想

通过发现生活中常见纸制品的不同用途，思考不同的纸有哪些特点。针对不同纸的张力大小，提出问题"哪种纸的张力大，哪种纸的张力小？"并作出猜想。

（2）活动Ⅰ　设计与实验

利用力传感器、数据显示模块和小型材料试验机等器材设计实验方案，构建"纸的张力"测试装置，记录和分析实验数据。

（3）活动Ⅱ　交流与汇报

各小组交流实验成果，汇总实验数据，得出结论：不同的纸张张力不同。

 实验活动任务单

1. 活动记录

（1）实验猜想：不同的纸张，张力大小_____。（选填"相同"或"不同"）

（2）实验方案：

（3）实验数据记录：

测量对象	餐巾纸	报纸
张力大小（N）		

（4）实验结论：不同的纸张，张力大小_____。（选填"相同"或"不同"）

2. 实验评价

达成相关活动要求的，请在"达成情况"一栏中填入相应的"☆"数。

活动内容	活动要求	等第标准			达成情况
		☆☆☆	☆☆	☆	
作出猜想	① 猜想纸张的张力是否相同 ② 小组的猜想有一定的依据	达成 2条	达成 1条	/	
设计方案	① 用文字或符号呈现实验过程 ② 注意实验条件的公平性	达成 2条	达成 1条	/	
实验操作	① 小组成员分工明确 ② 按设计方案有序、规范实验 ③ 实验结束后，及时整理器材	达成 3条	达成 2条	达成 1条	
数据分析	① 完整描述数据变化的特点 ② 全面分析数据并得出结论	达成 2条	达成 1条	/	

小组得到的星星数：_____颗。（满星为12颗）

（案例实验思路提供者：上海市宝山区江湾中心校　朱海兵、戴小燕）

68. 探究不同纸张的透光度

 设计背景

本实验选自校本课程"各种各样的纸"第一单元"认识纸"。利用双量程光照度传感器测量不同纸张的透光度,解决了传统实验中只能通过肉眼感觉,无法获取实验数据的难题,从而提高实验的效率和科学性。

 实验教学目标

通过"探究不同纸张的透光度"活动,知道不同纸张的透光度不同;通过比较肉眼感觉和测量数据,感悟科学技术的发展对于科学探究活动的影响。

 实验器材

双量程光照度传感器,数据显示模块;手电筒,打印纸,餐巾纸,纸筒,橡皮筋等。

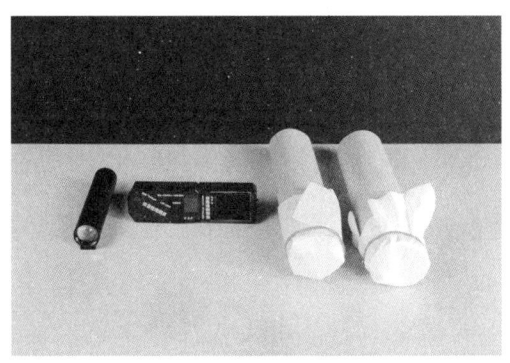

图1 实验装置图

图2 本实验操作视频

 实验操作

1. 观看视频:扫描二维码,可以观看本实验的操作视频。

2. 注意事项：①实验时，要确保纸筒的一端只有手电筒一个光源，避免其他光源的干扰；②确保橡皮筋把待测纸张扎紧在纸筒上，避免漏光而产生实验误差；③两个纸筒应当一样，确保实验公平性。

 实验教学流程

1. 流程图

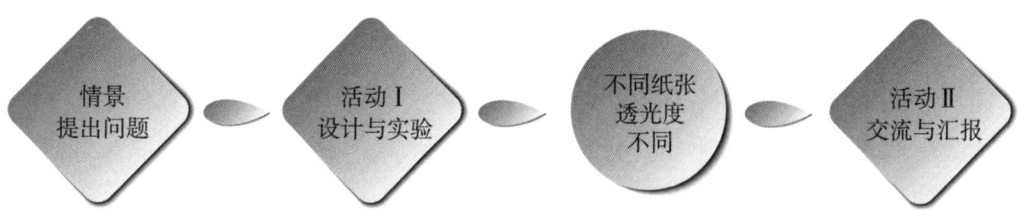

图3　教学流程图

2. 流程图说明

（1）情景　提出问题

通过发现生活中常见纸制品的不同用途，思考不同的纸有哪些特点，针对不同纸的透光性提出问题"不同纸张的透光性一样吗？"并作出猜想。

（2）活动Ⅰ　设计与实验

利用双量程光照度传感器、手电筒、打印纸、餐巾纸、纸筒、橡皮筋等器材设计实验方案。搭建实验装置并操作，采集手电筒光透过打印纸和餐巾纸后的光照度数据并记录。

（3）活动Ⅱ　交流与汇报

各小组交流实验数据，得出结论：不同的纸张透光度不同。

 实验活动任务单

1. 活动记录

（1）实验猜想：不同的纸张，透光度_____。（选填"相同"或"不同"）

（2）实验方案：

（3）实验数据记录：

实验数据 \ 实验对象	打印纸	餐巾纸
光照度（lx）		

（4）实验结论：不同的纸张，透光度_____。（选填"相同"或"不同"）

2. 实验评价

达成相关活动要求的，请在"达成情况"一栏中填入相应的"☆"数。

活动内容	活动要求	等第标准 ☆☆☆	等第标准 ☆☆	等第标准 ☆	达成情况
作出猜想	① 猜想纸张的透光度是否相同 ② 小组的猜想有一定的依据	达成2条	达成1条	/	
设计方案	① 用文字或符号呈现实验过程 ② 注意实验条件的公平性	达成2条	达成1条	/	
实验操作	① 小组成员分工明确 ② 按设计方案有序、规范实验 ③ 实验结束后，及时整理器材	达成3条	达成2条	达成1条	
数据分析	① 完整描述数据变化的特点 ② 全面分析数据并得出结论	达成2条	达成1条	/	

小组得到的星星数：_____颗。（满星为12颗）

（案例实验思路提供者：上海市宝山区江湾中心校　朱海兵、戴小燕）

第二篇
地 球 与 宇 宙

蝴蝶效应告诉我们，些许的变化也许会引发难以预测的结果。及时捕捉实验数据，是实验准确性的应有之意，也为结果预测提供了更为坚实的基础。测量池塘的水温，模拟火山喷发，探究温室效应……数字化实验让生态实验、模型搭建等传统棘手的问题变得饶有生趣。感受地球的脉动，探索浩瀚的宇宙，也许从此刻开始。

69. 模拟火山喷发

 设计背景

本实验选自沪科教版《自然》四年级第一学期第五单元"地震与火山"。利用温度传感器和压强传感器，快速、精准地测量模拟实验中锥形瓶里的番茄酱在加热后温度的变化，以及瓶中气体压强的变化，帮助学生认识火山喷发的原因。

 实验教学目标

通过"模拟火山喷发"的活动，知道火山喷发的原因与温度和压强有关，激发学生对自然现象深入探究的学习兴趣，提高动手、观察和实验分析等能力。

 实验器材

温度传感器，相对压强传感器，数据显示模块；番茄酱，锥形瓶，铁架台，试管塞，电加热器等。

图 1　实验装置图

图 2　本实验操作视频

实验操作

1. 观看视频：扫描二维码，可以观看本实验的操作视频。
2. 注意事项：本实验中需要使用电加热器加热锥形瓶中的番茄酱，注意规范使用，防止喷溅烫伤。

 实验教学流程

1. 流程图

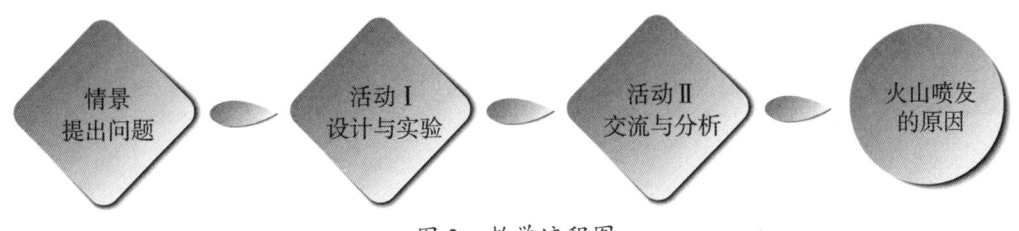

图3　教学流程图

2. 流程图说明

（1）情景　提出问题

通过观看火山喷发视频，交流火山喷发时的现象，提出问题"火山为什么会喷发？"并作出猜想。

（2）活动Ⅰ　设计与实验

利用温度传感器、相对压强传感器、番茄酱、锥形瓶等器材设计实验方案，搭建实验装置并操作，采集并记录加热后锥形瓶中番茄酱的温度和瓶中气体压强的变化。

（3）活动Ⅱ　交流与分析

小组交流实验数据，分析归纳得出结论：火山喷发与温度、压强相关。

 实验活动任务单

1. 活动记录

（1）实验猜想：火山喷发与_____有关。

（2）实验方案：

（3）实验数据记录：

记录时间 \ 数据记录	温度（℃）	相对压强（kPa）
加热前的初始状态		
加热4分钟后		

（4）实验结论：火山喷发与_____有关。

2. 实验评价

达成相关活动要求的，请在"达成情况"一栏中填入相应的"☆"数。

活动内容	活动要求	等第标准 ☆☆	等第标准 ☆	达成情况
作出猜想	① 对火山喷发的原因作出猜想 ② 小组的猜想有一定的依据	达成2条	达成1条	
分工合作	① 小组成员分工明确 ② 小组成员知道自己的职责，合作默契	达成2条	达成1条	
实验操作	① 按照要求组装实验器材 ② 有序、规范实验	达成2条	达成1条	
数据分析	① 完整描述数据变化的特点 ② 全面分析数据并得出结论	达成2条	达成1条	

小组得到的星星数：_____颗。（满星为8颗）

（案例实验思路提供者：上海市第一师范附属小学崇明区江帆小学　李祉诺，
上海市闵行区实验小学　鲍晓园）

70. 模拟二氧化碳增多加剧温室效应

 设计背景

本实验选自沪远东版《自然》五年级第二学期第五单元"污染与环境保护"。利用温度传感器替代传统温度计,可以准确、快速地测量射灯照射前后,空气和二氧化碳的温度变化,利用配套软件绘制出温度变化曲线,帮助学生理解二氧化碳对温度变化的作用。

 实验教学目标

通过"模拟二氧化碳增多加剧温室效应"的活动,知道二氧化碳气体过多是加剧温室效应的主要原因,激发探究自然现象的兴趣,树立"低碳减排"的环境保护意识。

实验器材

温度传感器,数据显示模块;射灯,二氧化碳气体,大试管,试管塞,铁架台等。

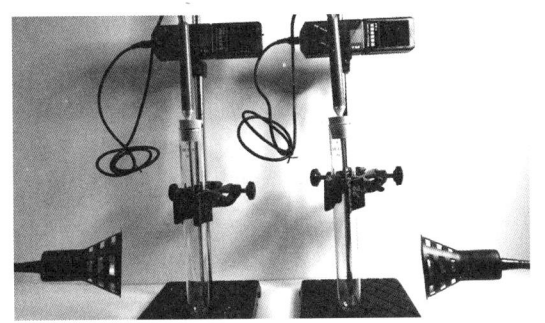

图 1 实验装置图

图 2 本实验操作视频

 实验操作

1. 观看视频:扫描二维码,可以观看本实验的操作视频。

2. 注意事项：①实验中需要使用射灯，避免温度过高而烫伤；②本实验为对比实验，注意控制变量。

实验教学流程

1. 流程图

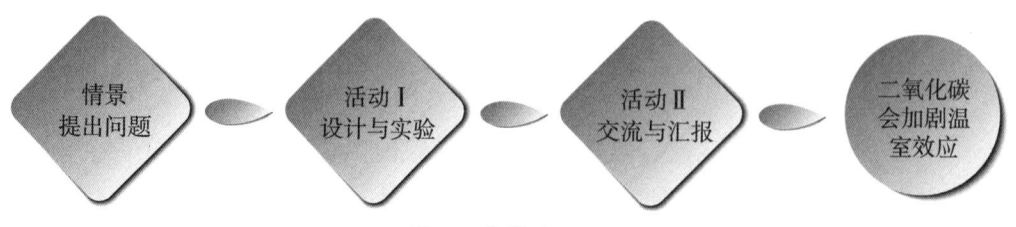

图 3　教学流程图

2. 流程图说明

（1）情景　提出问题

通过观看温室效应的视频，交流温室效应的特征及其带来的环境问题，提出问题"二氧化碳增多对温室效应会有什么影响？"并作出猜想。

（2）活动Ⅰ　设计与实验

利用温度传感器、二氧化碳气体、射灯、大试管等器材设计对比实验方案，注意控制变量。搭建实验装置并操作，采集并记录射灯照射前后的空气和二氧化碳的温度。

（3）活动Ⅱ　交流与汇报

小组交流实验数据，分析后归纳得出结论：二氧化碳增多会加剧温室效应。

实验活动任务单

1. 活动记录

（1）实验方案：

（2）实验数据记录：

温度（℃）　　　　试管 记录时间	含空气的大试管	含二氧化碳的大试管
照射前的起始温度		
开灯照射4分钟后		
关灯停止照射4分钟后		

（3）实验结论：二氧化碳增多，_____温室效应。（选填"加剧"或"减弱"）

2. 实验评价

达成相关活动要求的，请在"达成情况"一栏中填入相应的"☆"数。

活动内容	活动要求	等第标准		达成情况
		☆☆	☆	
阅读分析	① 仔细阅读实验要求 ② 小组分析交流	达成 2条	达成 1条	
合作实验	① 小组成员分工搭建实验装置 ② 按设计方案收集实验数据	达成 2条	达成 1条	
分析表达	① 全面分析数据并得出结论 ② 交流表达小组研究结果	达成 2条	达成 1条	

小组得到的星星数：_____颗。（满星为6颗）

（案例实验思路提供者：上海市嘉定区教育学院　陈健，

上海市嘉定区普通小学　郑靖晔）

71. 探究四季温度变化与阳光照射角度的关系

 设计背景

本实验选自沪远东版《自然》四年级第二学期第六单元"太空中的地球"。利用特制的四季验证实验器（含温度传感器），精确、迅速地测量出在相同光源、不同照射角度下的温度变化；利用数字化平台软件绘制温度变化折线图，能直观地呈现各角度温度变化的趋势，帮助学生理解四季温度变化是由于太阳照射角度不同而引起的。

 实验教学目标

通过"探究四季温度变化与阳光照射角度的关系"活动，知道四季温度变化与阳光照射角度有关，阳光直射时，气温上升快，照射角度越小，温度上升越慢；提高动手操作能力，激发进一步探索地球与宇宙知识的兴趣。

 实验器材

四季验证实验器（含温度传感器），数据采集器，笔记本电脑（含软件）；电源等。

图1　实验装置图

图2　本实验操作视频

实验操作

1. 观看视频:扫描二维码,可以观看本实验的操作视频。
2. 注意事项:四季验证实验器中安装有用以加热的灯泡,在模拟实验过程中注意用电安全并避免烫伤。

 实验教学流程

1. 流程图

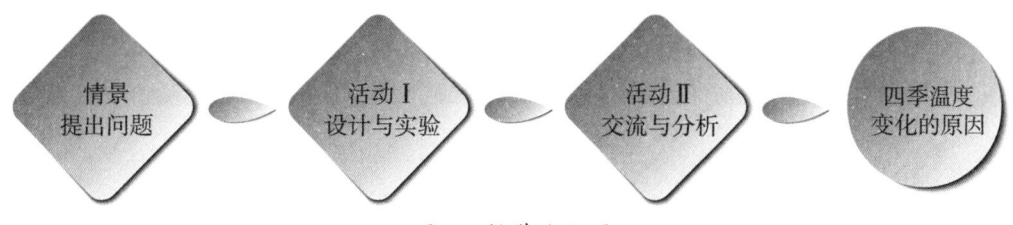

图3 教学流程图

2. 流程图说明

(1)情景 提出问题

通过观察上海地区春夏秋冬四季图片,交流上海四季温度变化的特点,结合四季景色中的影子长短,提出问题"四季温度变化和阳光照射角度之间有什么关系?"并作出猜测。

(2)活动Ⅰ 设计与实验

利用四季验证实验器(含温度传感器)等器材设计实验方案,注意对比实验中的变量控制与角度选择。搭建实验装置并操作,采集并记录在照射相同时间后,不同角度下的温度变化。

(3)活动Ⅱ 交流与分析

小组交流实验数据,利用数字化平台软件绘制温度变化折线图,分析后归纳得出结论:阳光直射时温度上升最快,阳光照射角度越小,温度上升越慢。

 实验活动任务单

1. 活动记录

   （1）实验方案：请把小组的设计简单画出来。

   （2）实验数据记录：

记录温度(℃) \ 照射角度	90°	60°	30°
照射前的初始温度			
照射相同时间后的温度			

   （3）实验结论：光照射的角度影响温度变化。光直射时，温度上升_____（选填"最快"或"最慢"）；光照射角度越小，温度上升越_____（选填"慢"或"快"）。

2. 实验评价

   达成相关活动要求的，请在"达成情况"一栏中填入相应的"☆"数。

活动内容	活动要求	等第标准 ☆☆	等第标准 ☆	达成情况
作出猜想	① 对温度变化与阳光照射角度之间的关系大胆提出猜想 ② 小组的猜想有一定的依据	达成2条	达成1条	
设计方案	① 用文字或符号呈现实验过程 ② 注意实验条件的公平性	达成2条	达成1条	
实验操作	① 小组成员分工明确，操作规范 ② 小组讨论轻声、有序	达成2条	达成1条	
数据分析	① 完整描述数据变化的特点 ② 全面分析数据并得出结论	达成2条	达成1条	

   小组得到的星星数：_____颗。（满星为8颗）

（案例实验思路提供者：上海市嘉定区马陆小学　李淑丹）

72. 验证池塘的水温变化比陆地的气温变化小

设计背景

本实验选自沪远东版《自然》三年级第二学期第三单元"池塘"。利用温度传感器替代传统温度计，迅速、准确地测量出相同条件下水温和气温的变化；利用数字化平台软件绘制温度变化折线图，直观呈现出水温与气温的变化趋势，帮助学生理解自然界中池塘水温变化小于陆地气温变化，提高学生的学习兴趣。

实验教学目标

通过"验证池塘的水温变化比陆地的气温变化小"活动，知道在相同条件下，池塘的水温变化比陆地的气温变化小，学会利用实验数据分析得出结论，养成实事求是的科学态度。

实验器材

温度传感器，数据显示模块，平板电脑（含软件）；支架，台灯，水，烧杯等。

图1 实验装置图

图2 本实验操作视频

实验操作

1. 观看视频：扫描二维码，可以观看本实验的操作视频。

2. 注意事项：①本实验需要使用台灯和水，实验过程中注意水电使用安全；②注意对比实验中的变量控制。

 实验教学流程

1. 流程图

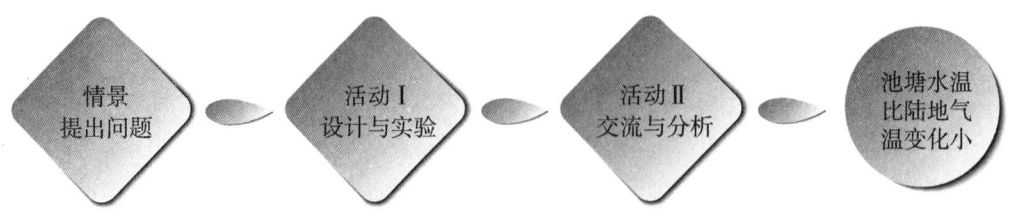

图 3　教学流程图

2. 流程图说明

（1）情景　提出问题

通过阅读课本内容，交流池塘的特征，思考问题"怎样验证池塘的水温比陆地的气温变化小？"并进行交流。

（2）活动Ⅰ　设计与实验

利用温度传感器、台灯、水等材料设计实验方案，注意对比实验中的变量控制。搭建实验装置并操作，采集并记录光照前后烧杯中水和空气的温度变化。

（3）活动Ⅱ　交流与分析

小组交流实验数据，利用数字化平台软件绘制出水温与气温变化的折线图，分析归纳得出结论：池塘的水温比陆地的气温变化小。

 实验活动任务单

1. 活动记录

（1）实验方案：

(2) 实验数据记录：

实验对象 \ 记录温度(℃)	初始温度	照射1分钟后	自然冷却3分钟后
水			
空气			

（3）实验结论：池塘的水温变化比陆地的气温变化_____。（选填"大"或"小"）

2. 实验评价

达成相关活动要求的，请在"达成情况"一栏中填入相应的"☆"数。

活动内容	活动要求	等第标准 ☆☆	等第标准 ☆	达成情况
阅读分析	① 仔细阅读实验导引 ② 小组分析交流	达成2条	达成1条	
合作实验	① 小组成员分工搭建实验装置 ② 按设计方案收集实验数据	达成2条	达成1条	
分析表达	① 全面分析数据并得出结论 ② 交流表达小组研究结果	达成2条	达成1条	

小组得到的星星数：_____颗。（满星为6颗）

（案例实验思路提供者：上海市静安区闸北实验小学　陈琳悦）

73. 模拟白天和夜晚陆地、海洋的温度变化

 ### 设计背景

本实验选自沪远东版《自然》五年级第二学期第三单元"天气"。利用温度传感器替代传统温度计，能精确、快速地同时测量模拟实验中的水温、沙子温度以及两者上方空气温度，通过比较数据，发现沙子温度（及上方空气温度）的变化程度比水温（及上方空气温度）大。

 ### 实验教学目标

通过"模拟白天和夜晚陆地、海洋的温度变化"的活动，知道陆地在白天与夜晚的温度变化程度比海洋大，从而推测出海陆风的形成原因，激发探索大自然奥秘的欲望。

 ### 实验器材

温度传感器，数据显示模块；白炽灯，铁架台，塑料盒，沙子，水等。

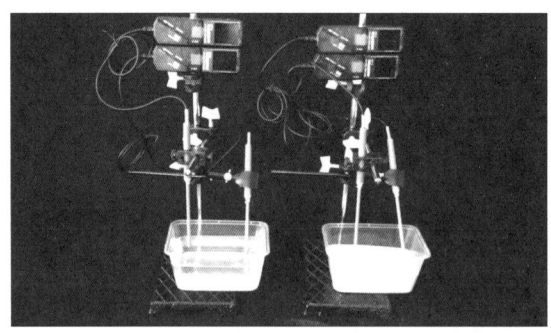

图 1　实验装置图

图 2　本实验操作视频

实验操作

1. 观看视频:扫描二维码,可以观看本实验的操作视频。
2. 注意事项:①在使用白炽灯时将产生大量热量,注意不要被烫伤;②本实验为对比实验,注意控制变量。

 实验教学流程

1. 流程图

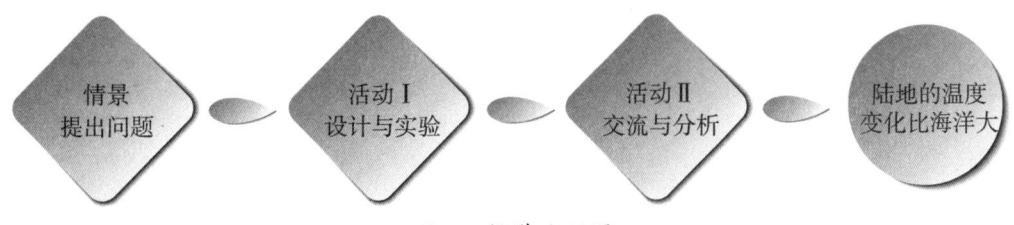

图3　教学流程图

2. 流程图说明

(1)情景　提出问题

通过交流海陆风产生的不同情况,分析风产生的原因,提出问题"白天和夜晚陆地、海洋的温度变化程度一样吗?"并作出猜想。

(2)活动Ⅰ　设计与实验

利用温度传感器、沙子、水和白炽灯等器材设计模拟实验方案,注意对比实验中的变量控制。搭建实验装置并操作,采集并记录开灯前后沙子和水及其上方空气的温度。

(3)活动Ⅱ　交流与分析

小组计算开灯、关灯后沙子和水及其上方空气的温度差并交流数据,分析数据得出结论:陆地在白天与夜晚的温度变化程度比海洋大。

 实验活动任务单

1. 活动记录

(1)实验猜想:陆地在白天与夜晚的温度变化程度比海洋_____。(选填"大"或"小")

（2）实验方案：

（3）实验数据记录：

记录时间	温度（℃）	水	水上方的空气	沙子	沙子上方的空气
起始状态					
开灯光照后					
关灯降温后					

（4）实验结论：陆地在白天与夜晚的温度变化程度比海洋_____。（选填"大"或"小"）

2. 实验评价

达成相关活动要求的，请在"达成情况"一栏中填入相应的"☆"数。

活动内容	活动要求	等第标准		达成情况
		☆☆	☆	
阅读分析	① 仔细阅读实验要求 ② 小组分析交流	达成 2条	达成 1条	
合作实验	① 小组成员分工搭建实验装置 ② 按设计方案收集实验数据	达成 2条	达成 1条	
分析表达	① 全面分析数据并得出结论 ② 交流表达小组研究结果	达成 2条	达成 1条	

小组得到的星星数：_____颗。（满星为6颗）

（案例实验思路提供者：上海市嘉定区第一中学附属小学　周娴，
上海市嘉定区德富路小学　钱晓斌）

第三篇
生命科学

生命世界因为复杂而让实验者望而生畏。怎样不干扰实验对象去探测数据,可是一门学问。数字化实验不仅能轻松测得你的心跳,探知植物的蒸腾作用对周围空气湿度的影响、光合作用过程中氧气的变化情况,而且还能告诉你鸡蛋壳的内外之别呢!数字化实验巧妙地让多因素变为了单因素,降低了背景噪音,实现了对生命真相的精准探索。

74. 探究植物光合作用过程中氧气和二氧化碳含量的变化

 设计背景

本实验选自沪远东版《自然》五年级第一学期第二单元"植物的作用"。利用溶解氧气传感器和溶解二氧化碳传感器，配合数字化实验平台软件，测量水中二氧化碳和氧气含量的变化，帮助学生理解植物在进行光合作用时吸收二氧化碳并释放氧气的过程。

 实验教学目标

通过"探究植物光合作用过程中氧气和二氧化碳含量的变化"活动，知道植物在进行光合作用时不断吸收二氧化碳并释放氧气，提高实验数据分析能力，树立爱护植物的意识。

实验器材

溶解氧气传感器，溶解二氧化碳传感器，无线传输模块，平板电脑（含软件）；绿羽毛草，烧杯，铁架台，磁力搅拌器等。

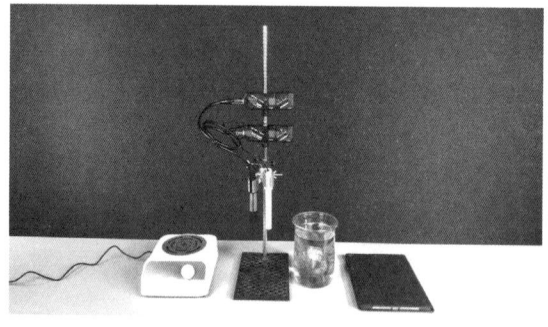

图 1　实验装置图

图 2　本实验操作视频

实验操作

1. 观看视频：扫描二维码，可以观看本实验的操作视频。
2. 注意事项：①为了便于测量，可事先在水中加入适量的碳酸氢钠作为碳源；②实验时，可将实验装置放置于阳光下，或用强光源照射绿羽毛草。

 实验教学流程

1. 流程图

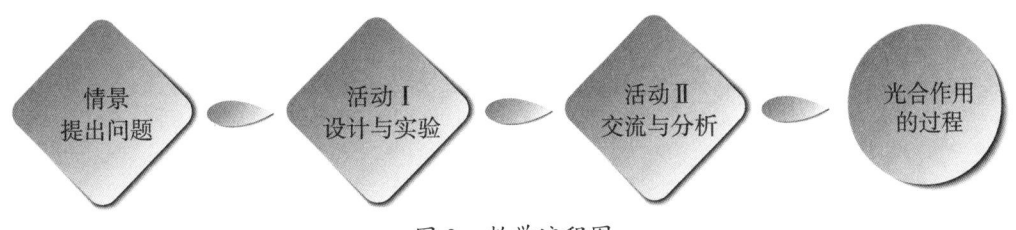

图 3 教学流程图

2. 流程图说明

（1）情景　提出问题

通过生态瓶长周期探究活动，交流实施过程中的发现，提出问题"植物光合作用过程中氧气和二氧化碳如何变化？"并作出猜想。

（2）活动Ⅰ　设计与实验

利用溶解氧气传感器、溶解二氧化碳传感器等器材设计实验方案，搭建实验装置并操作，利用数字化实验平台软件采集并记录光合作用过程中溶解氧气含量和溶解二氧化碳含量。

（3）活动Ⅱ　交流与分析

小组交流实验数据，班级分析数据并归纳得出结论：植物进行光合作用时，吸收二氧化碳并释放氧气。

实验活动任务单

1. 活动记录

（1）实验猜想：植物在光合作用时，_____二氧化碳，_____氧气。（均选填"吸收"或"释放"）

（2）实验方案：

（3）实验数据记录：

记录时间 \ 记录数据	溶解氧气含量（mg/L）	溶解二氧化碳含量（ppm）
初始状态		
光合作用后		

（4）实验结论：植物在光合作用时，_____二氧化碳，_____氧气。（均选填"吸收"或"释放"）

2. 实验评价

达成相关活动要求的，请在"达成情况"一栏中填入相应的"☆"数。

活动内容	活动要求	等第标准			达成情况
		☆☆☆	☆☆	☆	
作出猜想	① 表述"生态瓶"活动中的问题 ② 小组对问题作出合理猜想	达成2条	达成1条	/	
设计方案	① 用文字或符号呈现实验过程 ② 能用简单语言表述自己的方案	达成2条	达成1条	/	
实验操作	① 小组成员分工明确 ② 按设计方案有序、规范实验 ③ 实验结束后，及时整理器材	达成3条	达成2条	达成1条	
数据分析	① 完整描述数据变化的特点 ② 全面分析数据并得出结论	达成2条	达成1条	/	

小组得到的星星数：_____颗。（满星为12颗）

（案例实验思路提供者：上海市青浦佳禾小学　朱磊，

上海同济黄渡小学　单晓斌）

75. 探究植物的蒸腾作用

设计背景

本实验选自沪科教版《自然》三年级第二学期第一单元"植物的根、茎、叶"。利用相对湿度传感器与数字显示模块测量实验器中相对湿度的变化,将肉眼短时无法观察到的蒸腾作用现象通过湿度变化显现出来,帮助学生理解蒸腾作用的过程和意义。

实验教学目标

通过"探究植物的蒸腾作用"活动,知道植物有蒸腾作用,蒸腾作用能增加周围空气湿度,强化对对比实验的认识,提高动手能力,树立爱护植物的意识。

实验器材

相对湿度传感器,数据显示模块,气液相密封实验器;绿萝,小玻璃瓶,水等。

图1 实验装置图

图2 本实验操作视频

实验操作

1. 观看视频：扫描二维码，可以观看本实验的操作视频。
2. 注意事项：①本实验为对比实验，注意实验中的变量控制；②小玻璃瓶中装好绿萝后，需要用塑料薄膜封闭瓶口，避免里面的水分蒸发而影响实验结果。

 实验教学流程

1. 流程图

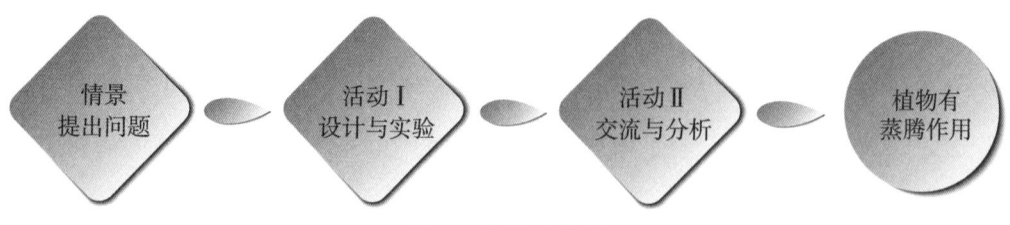

图 3　教学流程图

2. 流程图说明

（1）情景　提出问题

通过观察套住绿萝的塑料袋中的水珠，提出问题"水珠从哪里来？"并作出猜测。

（2）活动Ⅰ　设计与实验

利用相对湿度传感器、气液相密封实验器和绿萝等器材设计实验方案，注意对比实验中的变量控制。搭建实验装置并操作，采集并记录两个实验器中的相对湿度。

（3）活动Ⅱ　交流与分析

小组交流实验数据，全班分析归纳得出结论：植物存在蒸腾作用，能增加周围空气湿度。

 实验活动任务单

1. 活动记录

（1）实验猜想：植物＿＿＿＿向周围空气中释放水。（选填"能"或"不能"）

（2）实验方案与记录：

实验对象 \ 相对湿度(%)	初始状态	一段时间后
实验器1（不含绿萝）		
实验器2（含绿萝）		

（3）实验结论：植物_____（选填"能"或"不能"）向周围空气中释放水，植物有_____。

2. 实验评价

达成相关活动要求的，请在"达成情况"一栏中填入相应的"☆"数。

活动内容	活动要求	等第标准			达成情况
		☆☆☆	☆☆	☆	
作出猜想	① 对"水珠从哪里来？"作出猜测 ② 小组的猜想有一定的依据	达成2条	达成1条	/	
设计方案	① 用文字或符号呈现实验过程 ② 注意实验条件的公平性	达成2条	达成1条	/	
实验操作	① 小组成员分工明确 ② 按设计方案有序、规范实验 ③ 实验结束后，及时整理器材	达成3条	达成2条	达成1条	
数据分析	① 完整描述数据变化的特点 ② 全面分析数据并得出结论	达成2条	达成1条	/	

小组得到的星星数：_____颗。（满星为12颗）

（案例实验思路提供者：上海市浦东新区张江高科实验小学　唐春燕）

76. 比较人运动前后的心率变化

 设计背景

本实验选自沪科教版《自然》四年级第二学期第一单元"健康生活"。利用心率传感器测量人的心率,比传统实验中搭脉搏或用听诊器数心跳更准确,更适合小学生测量人运动前后的心率变化,激发他们的学习兴趣。

 实验教学目标

通过"比较人运动前后的心率变化"活动,知道运动会使人心跳加快,认识运动与健康的关系,逐步养成仔细观察、及时记录的学习习惯。

 实验器材

心率传感器,数据显示模块等。

图1 实验装置图　　　　图2 本实验操作视频

 实验操作

1. 观看视频:扫描二维码,可以观看本实验的操作视频。

2. 注意事项：使用心率传感器时，需要将其与手指充分接触，确认心率传感器正常工作后才能进行测量。

 实验教学流程

1. 流程图

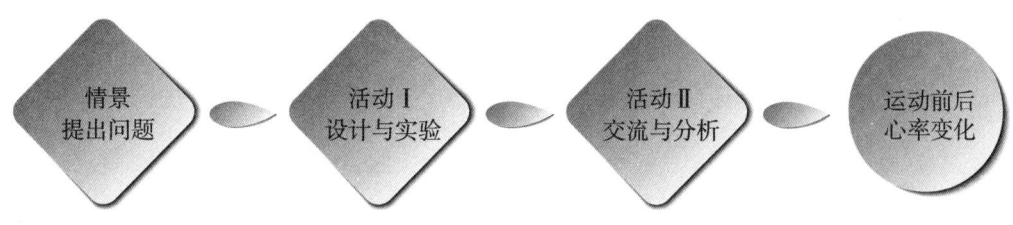

图 3　教学流程图

2. 流程图说明

（1）情景　提出问题

通过观看学校运动会图片，交流运动前后人的身体状态会发生哪些变化。针对心跳变化，提出问题"人运动前后心率会怎样变化呢？"并作出猜想。

（2）活动Ⅰ　设计与实验

利用心率传感器设计实验方案，搭建实验装置并操作：先采集并记录人运动前的心率数据；然后进行几分钟的原地运动，立即采集并记录数据；最后在平静 3 分钟后再次采集并记录数据。

（3）活动Ⅱ　交流与分析

小组交流实验数据，比较分析得出结论：运动会使人心跳加速，平静后心率会恢复正常。

 实验活动任务单

1. 活动记录

（1）实验数据记录：

状态	运动前	运动后	平静 3 分钟后
心率（次 / 分钟）			

（2）实验结论：人运动前，心率_____；人运动后，心率_____；人平静后，心率_____。（均选填"平稳"或"加快"）

2. 实验评价

达成相关活动要求的,请在"达成情况"一栏中填入相应的"☆"数。

活动内容	活动要求	等第标准			达成情况
		☆☆☆	☆☆	☆	
作出猜想	① 对运动前后心率变化作出猜想 ② 小组的猜想有一定的依据	达成 2条	达成 1条	/	
实验操作	① 小组成员分工明确 ② 按设计方案有序、规范实验 ③ 实验结束后,及时整理器材	达成 3条	达成 2条	达成 1条	
数据分析	① 完整记录数据变化 ② 全面分析数据并得出结论	达成 2条	达成 1条	/	

小组得到的星星数:_____颗。(满星为9颗)

(案例实验思路提供者:上海市徐汇区徐汇实验小学 杨亭亭)

77. 比较蛋壳内外侧的受力大小

设计背景

本实验选自沪科教版《自然》三年级第一学期第五单元"生物的启示"。利用力传感器和数字化实验平台软件及时获取蛋壳内外侧破碎时受力的大小,代替传统的用铅笔从高处落下戳破蛋壳的实验,提高实验的科学性。

实验教学目标

通过"比较蛋壳内外侧的受力大小"活动,知道蛋壳外侧比内侧受力大,提高动手、观察和实验分析等能力。

实验器材

力传感器、无线发射模块、平板电脑(含软件);蛋壳,支架等。

图1 实验装置图

图2 本实验操作视频

实验操作

1. 观看视频:扫描二维码,可以观看本实验的操作视频。
2. 注意事项:因蛋壳易碎,为确保实验的准确有效,力传感器接触蛋壳后应缓慢、均匀施力,利用软件记录蛋壳破损瞬间的数据。

实验教学流程

1. 流程图

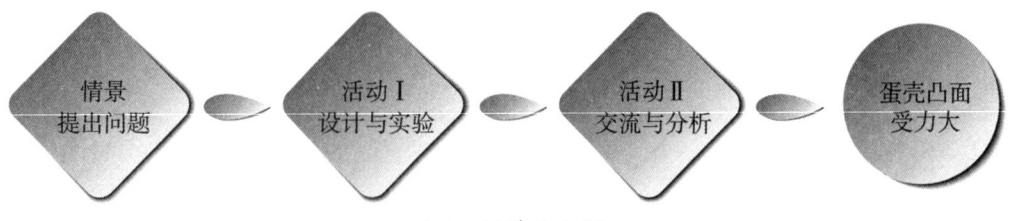

图 3　教学流程图

2. 流程图说明

（1）情景　提出问题

通过体验手握鸡蛋、观察蛋壳承重的实验现象，结合生活经验，提出问题"蛋壳哪一侧受力本领强？"并作出猜想。

（2）活动Ⅰ　设计与实验

利用力传感器和数字化实验平台软件设计实验方案，搭建实验装置并操作，采集并记录蛋壳内外侧破碎时受力的大小。

（3）活动Ⅱ　交流与分析

各小组汇报记录的数据，班级比较分析数据，得出结论：蛋壳外侧的受力本领更强。

 实验活动任务单

1. 活动记录

（1）实验猜想：蛋壳_____受力本领更强。（选填"内侧"或"外侧"）

（2）实验方案：

（3）实验数据记录：

位置	蛋壳外侧	蛋壳内侧
力的大小（N）		

（4）实验结论：蛋壳_____受力本领更强。（选填"内侧"或"外侧"）

2. 实验评价

达成相关活动要求的，请在"达成情况"一栏中填入相应的"☆"数。

活动内容	活动要求	等第标准			达成情况
		☆☆☆	☆☆	☆	
设计方案	① 用文字或画图等方式呈现实验方案 ② 正确标出力作用的位置	达成2条	达成1条	/	
实验操作	① 小组成员分工明确 ② 按设计方案有序、规范实验 ③ 实验结束后，及时整理器材	达成3条	达成2条	达成1条	
数据分析	① 小组根据实验数据，积极讨论 ② 全面分析数据并得出结论	达成2条	达成1条	/	

小组得到的星星数：_____颗。（满星为9颗）

（案例实验思路提供者：上海市崇明区明珠小学　李刚，

上海市实验小学　卢咏祥，

上海市徐汇区高安路第一小学　张敏，

华东师范大学宝山实验学校　金敬）

第四篇
综合实践活动

摆的运动有什么规律？什么样的桥才最牢固？什么样的结构才最抗压？面对生活中的一切，孩子们永远保持着好奇。而这份好奇更需要数字去佐证，探究不同结构的抗压能力，探究桥面宽度、桥面跨度、桥墩形状、桥面形状、桥面材料对桥梁承重能力的影响。数字化实验搭建了校园知识与社会实践的桥梁，让所思即所见成为现实。谨以这些实验为广大师生抛砖引玉，以探求数字化实验的无限可能。

78. 探究不同结构的抗压能力

设计背景

本实验选自沪远东版《自然》三年级第一学期第四单元"身边的力"。利用力传感器和数字化实验平台软件及时获取承重板坍塌前所受力的最大值，代替传统的用砝码叠压计重的方法，解决了传统实验中数据模糊的难题，使实验更加科学严谨。

实验教学目标

通过"探究不同结构的抗压能力"活动，知道不同结构的抗压能力不同，提高动手、观察和实验分析等能力，感受信息技术对实验操作和数据记录的帮助。

实验器材

力传感器，数据显示模块，平板电脑（含软件）；承重板，方型支架，三角支架等。

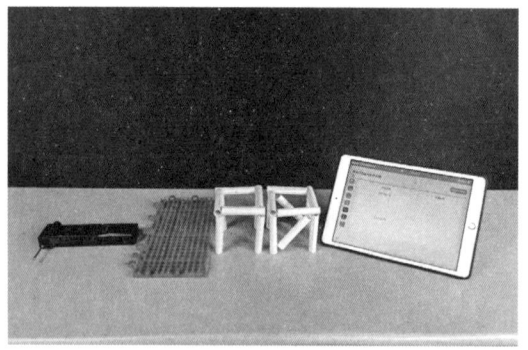

图1　实验装置图

图2　本实验操作视频

实验操作

1. 观看视频：扫描二维码，可以观看本实验的操作视频。
2. 注意事项：①实验过程中用承重板覆盖支架进行承重，力传感器接触承重板后应缓慢、均匀施力；②利用软件记录结构坍塌瞬间的数据；③注意对比实验中的变量控制。

 实验教学流程

1. 流程图

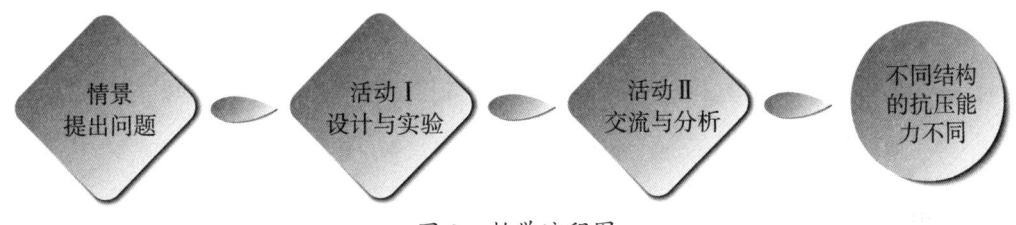

图 3　教学流程图

2. 流程图说明

（1）情景　提出问题

通过观察生活中建筑物承受巨大的重量的现象，提出问题"不同结构的抗压能力一样吗？"并作出猜想。

（2）活动Ⅰ　设计与实验

利用力传感器和数字化实验平台软件设计实验方案，注意控制实验变量。搭建实验装置并操作，采集并记录不同结构坍塌前所受力的最大值。

（3）活动Ⅱ　交流与分析

各小组汇报记录的数据，班级比较分析数据，得出结论：不同结构的抗压能力不同。

 实验活动任务单

1. 活动记录

（1）实验猜想：不同结构的抗压能力_____。（选填"相同"或"不同"）

（2）实验方案：

(3) 实验数据记录：

实验次数	承重支架	坍塌前所受力的最大值（N）
1	方型支架	
2	三角支架	

(4) 实验结论：不同结构的抗压能力_____。（选填"相同"或"不同"）

2. 实验评价

达成相关活动要求的，请在"达成情况"一栏中填入相应的"☆"数。

活动内容	活动要求	等第标准			达成情况
		☆☆☆	☆☆	☆	
作出猜想	① 对不同结构的抗压能力作出猜想 ② 小组的猜想有一定的依据	达成 2条	达成 1条	/	
设计方案	① 设计出对比实验的方案 ② 注意实验条件的公平性	达成 2条	达成 1条	/	
实验操作	① 将设计的不同结构搭建完成 ② 能发现不同结构的抗压能力不同 ③ 实验结束后，及时整理器材	达成 3条	达成 2条	达成 1条	
数据分析	① 完整描述数据变化的特点 ② 全面分析数据并得出结论	达成 2条	达成 1条	/	

小组得到的星星数：_____颗。（满星为12颗）

（案例实验思路提供者：上海市毓秀学校　陈智伟）

79. 探究引桥坡度对爬坡的影响

 设计背景

本实验选自《科学与技术》三年级第一学期第三单元"运动与机械"。利用力传感器代替弹簧测力计,测量相同质量小车在不同倾斜角度的斜板上爬升所需要的力,解决了传统实验中用弹簧测力计测量不精确的难题,使实验更加科学严谨。

 实验教学目标

通过"探究引桥坡度对爬坡的影响"活动,知道当高度一定时,斜面倾斜角度越大,物体向上移动越费力,斜面越平缓,物体向上移动越省力;提高动手、观察和实验分析等能力。

 实验器材

力传感器,数据显示模块;可变角度的斜面,小车(带拉绳),铁架台等。

图1 实验装置图

图2 本实验操作视频

 实验操作

1. 观看视频:扫描二维码,可以观看本实验的操作视频。

241

2. 注意事项：①实验过程中改变角度时，务必使用量角器先确定斜面角度，再进行实验；②注意对比实验中的变量控制。

 实验教学流程

1. 流程图

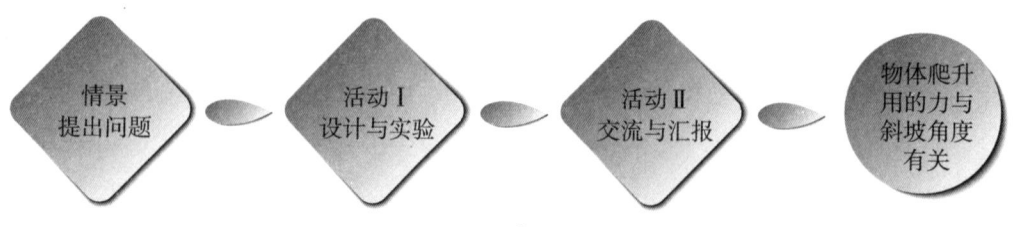

图 3　教学流程图

2. 流程图说明

（1）情景　提出问题

通过观察生活中不同的引桥，发现生活中的引桥有各式各样的造型，其原因也各不相同。提出问题"引桥坡度对爬坡会有影响吗？"并作出猜想。

（2）活动Ⅰ　设计与实验

围绕力传感器、可变角度的斜面等器材设计实验方案，注意控制实验变量。搭建实验装置并操作，采集并记录相同质量小车在不同倾斜角度的斜板上爬升所需要的力。

（3）活动Ⅱ　交流与汇报

各小组汇报记录的数据，班级比较分析数据，得出结论：斜面越陡，物体向上移动越费力；斜面越平缓，物体向上移动越省力。

 实验活动任务单

1. 活动记录

（1）实验猜想：引桥坡度对爬坡_____影响。（选填"有"或"没有"）

（2）实验方案：

(3) 实验数据记录：

实验次数	斜面角度	爬升所需要的力（N）
1	10°	
2	30°	

(4) 实验结论：引桥坡度对爬坡_____影响。（选填"有"或"没有"）

2. 实验评价

达成相关活动要求的，请在"达成情况"一栏中填入相应的"☆"数。

活动内容	活动要求	等第标准			达成情况
		☆☆☆	☆☆	☆	
作出猜想	① 关于引桥坡度对爬坡的影响作出猜想 ② 小组的猜想有一定的依据	达成 2条	达成 1条	/	
设计方案	① 用文字或符号呈现实验过程 ② 注意实验条件的公平性	达成 2条	达成 1条	/	
实验操作	① 小组成员分工明确 ② 按设计方案有序、规范实验 ③ 实验结束后，及时整理器材	达成 3条	达成 2条	达成 1条	
数据分析	① 全面分析数据并得出结论 ② 能从不同角度表述实验结论	达成 2条	达成 1条	/	

小组得到的星星数：_____颗。（满星为12颗）

（案例实验思路提供者：上海市民办阳浦小学　徐斌）

80. 探究桥面材料对桥梁承重能力的影响

 设计背景

本实验选自沪远东版《自然》三年级第一学期第四单元"身边的力"。利用力传感器和数字化实验平台软件及时获取不同材料制成的桥面在坍塌前所受力的最大值，代替传统的用砝码叠压计重的方法，解决了传统实验中数据模糊的难题，使实验更加科学严谨。

 实验教学目标

通过"探究桥面材料对桥梁承重能力的影响"活动，知道不同材料的桥面，其承重能力也不同；懂得分工合作、规范操作对于获取和分析真实数据的重要性。

 实验器材

力传感器，数据显示模块，平板电脑（含软件）；长、宽相同的雪弗板、木板和石膏板，桥墩，夹料台，废料盒，铁架台等。

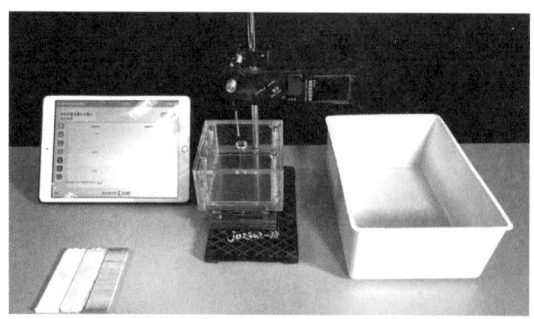

图1 实验装置图

图2 本实验操作视频

实验操作

1. 观看视频：扫描二维码，可以观看本实验的操作视频。
2. 注意事项：①实验过程中用承重板覆盖支架进行承重，力传感器接触承重板后应缓慢、均匀施力；②利用软件记录结构坍塌瞬间的数据；③注意对比实验中的变量控制。

 实验教学流程

1. 流程图

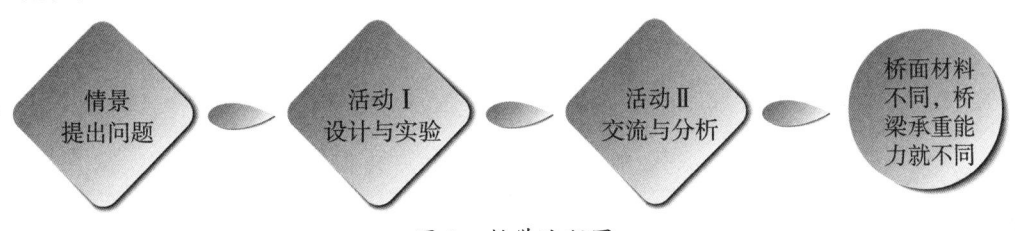

图 3　教学流程图

2. 流程图说明

（1）情景　提出问题

通过创设情境，搭桥解决过河问题，提出问题"不同材料制成的桥面，承重本领一样吗？"并作出猜想。

（2）活动Ⅰ　设计与实验

利用力传感器和数字化实验平台软件设计实验方案，注意控制实验变量。搭建实验装置并操作，采集并记录不同材料制成的桥面在坍塌前所受力的最大值。

（3）活动Ⅱ　交流与分析

各小组汇报记录的数据，班级比较分析数据，得出结论：不同材料的桥面，其承重能力不同。

 实验活动任务单

1. 活动记录

（1）实验猜想：桥梁承重能力和桥面材料_____。（选填"有关"或"无关"）

（2）实验方案：

（3）实验数据记录：

实验次数	桥面材料	坍塌前所受力的最大值（N）
1	木板	
2	石膏板	
3	雪弗板	

（4）实验结论：桥面材料不同，桥面的承重能力_____。（选填"相同"或"不同"）

2. 实验评价

达成相关活动要求的，请在"达成情况"一栏中填入相应的"☆"数。

活动内容	活动要求	等第标准			达成情况
		☆☆☆	☆☆	☆	
分工合作	① 实验前：分工明确 ② 实验时：共同完成 ③ 实验后：一起分析数据	达成3条	达成2条	达成1条	
正确操作	① 实验前：按"最大值" ② 实验时：缓慢、均匀施力 ③ 实验后：清洁桌面	达成3条	达成2条	达成1条	

小组得到的星星数：_____颗。（满星为6颗）

81. 探究不同跨度的桥面对桥梁承重能力的影响

设计背景

本实验选自校本课程"砖桥"第一单元"平板桥之桥面承重5"。利用力传感器和数字化实验平台软件及时获取不同跨度桥面在坍塌前所受力的最大值,代替传统的用砝码叠压计重的方法,解决了传统实验中数据模糊的难题,使实验更加科学严谨。

实验教学目标

通过"探究不同跨度桥面对桥梁承重能力的影响"活动,知道在宽度一定时,桥面跨度越小,承重能力越强,跨度越大,承重能力越弱;提高动手、观察和实验分析等能力。

实验器材

力传感器,数据显示模块,平板电脑(含软件);相同宽度、不同长度的条形雪弗板,桥墩等。

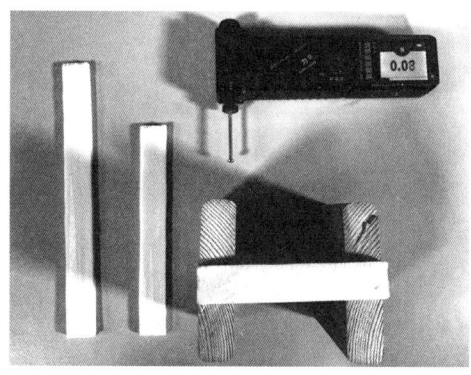

图1　实验装置图

图2　本实验操作视频

实验操作

1. 观看视频：扫描二维码，可以观看本实验的操作视频。
2. 注意事项：①实验前先将力传感器清零；②实验时，能始终保持力传感器指针与桥面垂直，接触桥面后应缓慢、均匀施力；③利用软件记录结构坍塌瞬间的数据；④注意对比实验中的变量控制。

 实验教学流程

1. 流程图

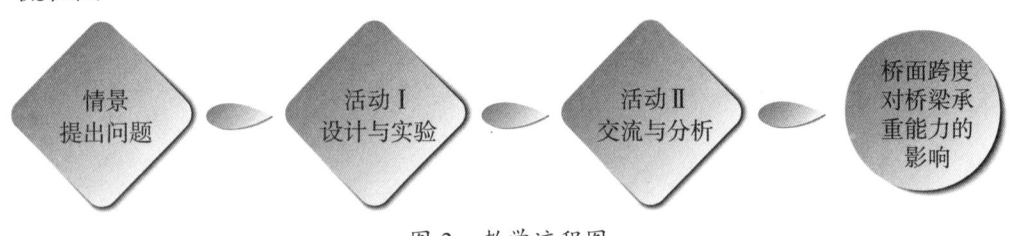

图 3　教学流程图

2. 流程图说明

（1）情景　提出问题

通过创设情境，搭桥解决过河问题，提出问题"不同跨度的桥面，承重本领一样吗？"并作出猜想。

（2）活动Ⅰ　设计与实验

利用力传感器和数字化实验平台软件设计实验方案，注意控制实验变量。搭建实验装置并操作，采集并记录不同跨度桥面在坍塌前所受力的最大值。

（3）活动Ⅱ　交流与分析

各小组汇报记录的数据，班级比较分析数据，得出结论：在宽度一定时，桥面跨度越小，承重能力越强；跨度越大，承重能力越弱。

 实验活动任务单

1. 活动记录

（1）实验猜想：桥梁承重能力和桥面跨度_____。（选填"有关"或"无关"）

（2）实验方案：

（3）实验数据记录：

实验次数	桥面跨度（cm）	坍塌前所受力的最大值（N）
1	20	
2	15	
3	10	

（4）实验结论：桥梁承重能力和桥面跨度_____（选填"有关"或"无关"）。桥面跨度越大，桥梁承重能力_____（选填"越强""越弱"或"不变"）。

2. 实验评价

达成相关活动要求的，请在"达成情况"一栏中填入相应的"☆"数。

活动内容	活动要求	等第标准			达成情况
		☆☆☆	☆☆	☆	
作出猜想	① 对不同跨度桥面的承重本领作出猜想 ② 小组的猜想有一定的依据	达成2条	达成1条	/	
设计方案	① 用文字或符号呈现实验过程 ② 注意实验条件的公平性	达成2条	达成1条	/	
实验操作	① 小组成员分工明确 ② 按设计方案有序、规范实验 ③ 实验结束后，及时整理器材	达成3条	达成2条	达成1条	
数据分析	① 全面分析数据并得出结论 ② 能从不同角度表述实验结论	达成2条	达成1条	/	

小组得到的星星数：_____颗。（满星为12颗）

（案例实验思路提供者：上海市奉贤区江山小学　陈亮、裴晓竹，

上海市奉贤区古华小学　彭加同）

82. 探究不同宽度的桥面对桥梁承重能力的影响

设计背景

本实验选自校本课程"砖桥"第一单元"平板桥之桥面承重3"。利用力传感器和数字化实验平台软件及时获取不同宽度桥面在坍塌前所受力的最大值，代替传统的用砝码叠压计重的方法，解决了传统实验中数据模糊的难题，使实验更加科学严谨。

实验教学目标

通过"探究不同宽度桥面对桥梁承重能力的影响"活动，知道在跨度一定时，桥面宽度越小，承重能力越弱，宽度越大，承重能力越强；提高动手、观察和实验分析等能力。

实验器材

力传感器，数据显示模块，平板电脑（含软件）；相同长度、不同宽度的木板，铁架台等。

图1　实验装置图

图2　本实验操作视频

实验操作

1. 观看视频：扫描二维码，可以观看本实验的操作视频。
2. 注意事项：①实验前先将力传感器清零；②实验时，能始终保持力传感器指针与桥面垂直，接触桥面后应缓慢、均匀施力；③利用软件记录结构坍塌瞬间的数据；④注意对比实验中的变量控制。

 实验教学流程

1. 流程图

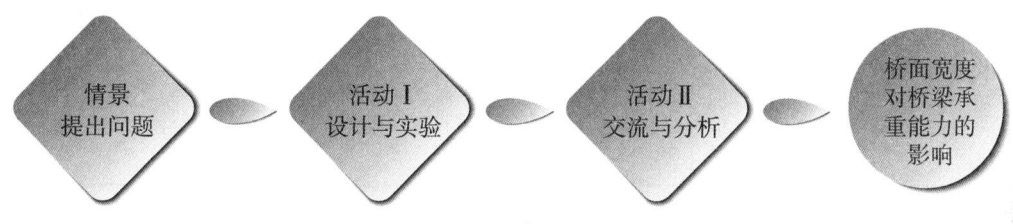

图 3　教学流程图

2. 流程图说明

（1）情景　提出问题

通过创设情境，搭桥解决过河问题，提出问题"不同宽度的桥面，承重本领一样吗？"并作出猜想。

（2）活动Ⅰ　设计与实验

利用力传感器和数字化实验平台软件设计实验方案，注意控制实验变量。搭建实验装置并操作，采集并记录不同宽度桥面在坍塌前所受力的最大值。

（3）活动Ⅱ　交流与分析

各小组汇报记录的数据，班级比较分析数据，得出结论：在跨度一定时，桥面宽度越小，承重能力越弱；宽度越大，承重能力越强。

 实验活动任务单

1. 活动记录

（1）实验猜想：桥梁承重能力和桥面宽度_____。（选填"有关"或"无关"）

（2）实验方案：

（3）实验数据记录：

实验次数	桥面宽度（cm）	坍塌前所受力的最大值（N）
1	1.5	
2	2	
3	3	

（4）实验结论：桥梁承重能力和桥面宽度_____（选填"有关"或"无关"），桥面宽度越大，桥梁承重能力_____（选填"越大""越小"或"不变"）。

2. 实验评价

达成相关活动要求的，请在"达成情况"一栏中填入相应的"☆"数。

活动内容	活动要求	等第标准			达成情况
		☆☆☆	☆☆	☆	
作出猜想	① 对不同宽度桥面的承重本领作出猜想 ② 小组的猜想有一定的依据	达成2条	达成1条	/	
设计方案	① 用文字或符号呈现实验过程 ② 注意实验条件的公平性	达成2条	达成1条	/	
实验操作	① 小组成员分工明确 ② 按设计方案有序、规范实验 ③ 实验结束后，及时整理器材	达成3条	达成2条	达成1条	
数据分析	① 全面分析数据并得出结论 ② 能从不同角度表述实验结论	达成2条	达成1条	/	

小组得到的星星数：_____颗。（满星为12颗）

（案例实验思路提供者：上海市奉贤区江山小学　陈亮、裴晓竹，

上海市奉贤区古华小学　彭加同）

83. 探究不同数量的桥墩对桥梁承重能力的影响

设计背景

本实验选自校本课程"砖桥"第一单元"平板桥之桥面承重6"。利用力传感器和数字化实验平台软件及时获取由不同数量桥墩支撑的桥面在坍塌前所受力的最大值,代替传统的用砝码叠压计重的方法,解决了传统实验中数据模糊的难题,使实验更加科学严谨。

实验教学目标

通过"探究不同数量的桥墩对桥梁承重能力的影响"活动,知道双桥墩比四桥墩的承重能力弱,桥墩越多,承重能力越强;提高动手、观察和实验分析等能力。

实验器材

力传感器,数据显示模块,平板电脑(含软件);相同桥墩4个,条形雪弗板等。

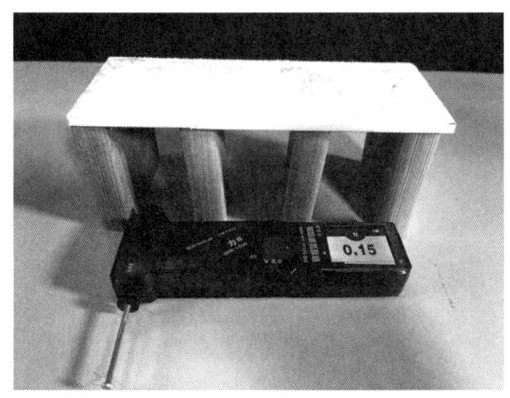

图1　实验装置图

图2　本实验操作视频

实验操作

1. 观看视频：扫描二维码，可以观看本实验的操作视频。
2. 注意事项：①实验过程中用承重板覆盖支架进行承重，力传感器接触承重板后应缓慢、均匀施力；②利用软件记录结构坍塌瞬间的数据；③注意对比实验中的变量控制。

 实验教学流程

1. 流程图

图 3　教学流程图

2. 流程图说明

（1）情景　提出问题

通过创设情境，搭桥解决过河问题，提出问题"不同数量桥墩支撑的桥面，承重本领一样吗？"并作出猜想。

（2）活动Ⅰ　设计与实验

利用力传感器和数字化实验平台软件设计实验方案，注意控制实验变量。搭建实验装置并操作，采集并记录不同数量桥墩支撑的桥面在坍塌前所受力的最大值。

（3）活动Ⅱ　交流与分析

各小组汇报记录的数据，班级比较分析数据，得出结论：双桥墩与四桥墩的承重能力不同，桥墩越多，承重能力越强。

 实验活动任务单

1. 活动记录

（1）实验猜想：桥梁承重能力和桥墩数量＿＿＿＿＿＿＿。（选填"有关"或"无关"）

（2）实验方案：

（3）实验数据记录：

实验次数	桥墩数量	坍塌前所受力的最大值（N）
1	2	
2	4	

（4）实验结论：桥梁承重能力和桥墩数量_____（选填"有关"或"无关"），双桥墩的承重能力_____（选填"大于""小于"或"等于"）四桥墩的承重能力。

2. 实验评价

达成相关活动要求的，请在"达成情况"一栏中填入相应的"☆"数。

活动内容	活动要求	等第标准			达成情况
		☆☆☆	☆☆	☆	
作出猜想	① 对由不同数量桥墩支撑的桥面承重本领作出猜想 ② 小组的猜想有一定的依据	达成2条	达成1条	/	
设计方案	① 用文字或符号呈现实验过程 ② 注意实验条件的公平性	达成2条	达成1条	/	
实验操作	① 小组成员分工明确 ② 按设计方案有序、规范实验 ③ 实验结束后，及时整理器材	达成3条	达成2条	达成1条	
数据分析	全面分析数据并得出结论	达成1条	/	/	

小组得到的星星数：_____颗。（满星为12颗）

（案例实验思路提供者：上海市奉贤区江山小学　陈亮、裴晓竹，

上海市奉贤区古华小学　彭加同）

84. 探究桥面形状对桥梁承重能力的影响

 设计背景

本实验选自沪远东版《自然》三年级第一学期第四单元"身边的力"。利用力传感器和数字化实验平台软件及时获取不同形状桥面在坍塌前所受力的最大值，代替传统的用砝码叠压计重的方法，解决了传统实验中数据模糊的难题，使实验更加科学严谨。

 实验教学目标

通过"探究桥面形状对桥梁承重能力的影响"活动，知道不同形状的桥面，其承重能力不同；懂得分工合作、规范操作对于获取和分析真实数据的重要性。

 实验器材

力传感器，数据显示模块，平板电脑（含软件）；桥墩，不同形状的桥面等。

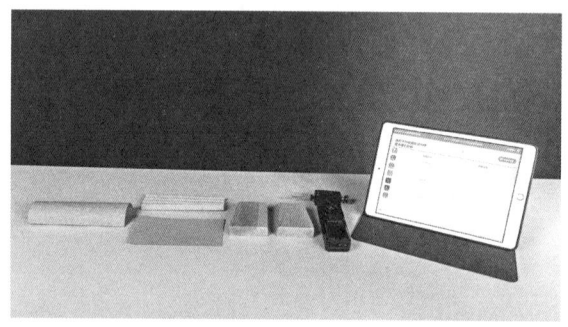

图1　实验装置图

图2　本实验操作视频

 实验操作

1. 观看视频：扫描二维码，可以观看本实验的操作视频。

2. 注意事项：①实验过程中用承重板覆盖支架进行承重，力传感器接触承重板后应缓慢、均匀施力；②利用软件记录结构坍塌瞬间的数据；③注意对比实验中的变量控制。

 实验教学流程

1. 流程图

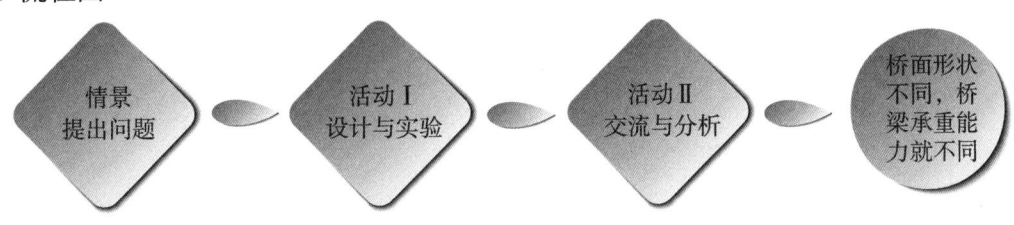

图3　教学流程图

2. 流程图说明

（1）情景　提出问题

通过观察中国古今几座著名桥梁图，发现桥梁的形状结构和建造材料都各有不同，提出问题："桥面形状与承重本领有关系吗？"

（2）活动Ⅰ　设计与实验

利用力传感器和数字化实验平台软件设计实验方案，注意控制实验变量。搭建实验装置并操作，采集并记录不同形状桥面在坍塌前所受力的最大值。

（3）活动Ⅱ　交流与分析

各小组汇报记录的数据，班级比较分析数据，得出结论：不同形状的桥面，其承重能力不同。

 实验活动任务单

1. 活动记录

（1）实验猜想：桥梁承重能力和桥面形状_____。（选填"有关"或"无关"）

（2）实验方案：

(3) 实验数据记录：

实验次数	桥面形状	坍塌前所受力的最大值（N）
1	平面纸桥	
2	拱面纸桥	
3	瓦楞纸桥	

(4) 实验结论：桥梁承重能力和桥面形状_____。（选填"有关"或"无关"）

2. 实验评价

达成相关活动要求的，请在"达成情况"一栏中填入相应的"☆"数。

活动内容	活动要求	等第标准			达成情况
		☆☆☆	☆☆	☆	
作出猜想	① 对不同形状桥面的承重能力作出猜想 ② 小组的猜想有一定的依据	达成2条	达成1条	/	
设计方案	① 用文字或符号呈现实验过程 ② 注意实验条件的公平性	达成2条	达成1条	/	
实验操作	① 小组成员分工明确 ② 按设计方案有序、规范实验 ③ 实验结束后，及时整理器材	达成3条	达成2条	达成1条	
数据分析	① 全面分析数据并得出结论 ② 能从不同角度表述实验结论	达成2条	达成1条	/	

小组得到的星星数：_____颗。（满星为12颗）

（案例实验思路提供者：上海市松江区民乐学校　陆晨蕾）

85. 探究不同形态的桥墩对桥梁承重能力的影响

设计背景

本实验选自校本课程"砖桥"第一单元"平板桥之桥面承重6"。利用力传感器和数字化实验平台软件及时获取由不同形态桥墩支撑的桥面在坍塌前所受力的最大值，代替传统的用砝码叠压计重的方法，解决了传统实验中数据模糊的难题，使实验更加科学严谨。

实验教学目标

通过"探究不同形态的桥墩对桥梁承重能力的影响"活动，知道在其他因素相同的情况下，直桥墩承重较弱，斜桥墩承重较强；提高动手、观察和实验分析等能力。

实验器材

力传感器，数据显示模块，平板电脑（含软件）；条形木板，直桥墩，斜桥墩等。

图1 实验装置图

图2 本实验操作视频

实验操作

1. 观看视频：扫描二维码，可以观看本实验的操作视频。
2. 注意事项：①实验过程中用承重板覆盖支架进行承重，力传感器接触承重板后应缓慢、均匀施力；②利用软件记录结构坍塌瞬间的数据；③注意对比实验中的变量控制。

 实验教学流程

1. 流程图

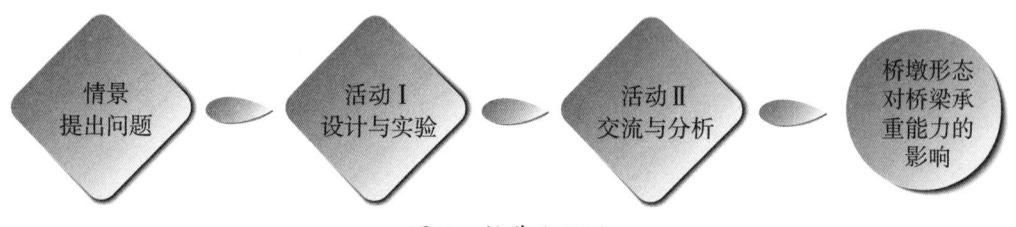

图 3　教学流程图

2. 流程图说明

（1）情景　提出问题

通过创设情境，搭桥解决过河问题，提出问题"由不同形态桥墩支撑的桥面，承重本领一样吗？"并作出猜想。

（2）活动Ⅰ　设计与实验

利用力传感器和数字化实验平台软件设计实验方案，注意控制实验变量。搭建实验装置并操作，采集并记录由不同形态桥墩支撑的桥面在坍塌前所受力的最大值。

（3）活动Ⅱ　交流与分析

各小组汇报记录的数据，班级比较分析数据，得出结论：在其他因素不变的情况下，直桥墩承重较弱，斜桥墩承重较强。

 实验活动任务单

1. 活动记录

（1）实验猜想：桥梁承重能力和桥墩的形态_____。（选填"有关"或"无关"）

（2）实验方案：

（3）实验数据记录：

实验次数	桥墩形状	坍塌前所受力的最大值（N）
1	直桥墩	
2	斜桥墩	

（4）实验结论：桥梁承重能力和桥墩的形态_____。（选填"有关"或"无关"）

2. 实验评价

达成相关活动要求的，请在"达成情况"一栏中填入相应的"☆"数。

活动内容	活动要求	等第标准			达成情况
		☆☆☆	☆☆	☆	
作出猜想	① 对由不同形态桥墩支撑的桥面承重本领作出猜想 ② 小组的猜想有一定的依据	达成2条	达成1条	/	
设计方案	① 用文字或符号呈现实验过程 ② 注意实验条件的公平性	达成2条	达成1条	/	
实验操作	① 小组成员分工明确 ② 按设计方案有序、规范实验 ③ 实验结束后，及时整理器材	达成3条	达成2条	达成1条	
数据分析	全面分析数据并得出结论	达成1条	/	/	

小组得到的星星数：_____颗。（满星为12颗）

（案例实验思路提供者：上海市奉贤区江山小学　陈亮、裴晓竹，

上海市奉贤区古华小学　彭加同）

86. 探究摆的秘密

 设计背景

本实验选自《小学科学实验指南》力学学习包实验七"摆的秘密"。利用达到微秒级精度的光电门传感器和摆的秘密实验器,可以测量摆球经过光电门的时间,帮助学生探究摆球质量、摆长等因素与摆动周期的关系,解决了传统实验中计时不准确的难题。

 实验教学目标

通过"探究摆的秘密"活动,知道一些影响摆动周期的因素,提高实验设计、动手操作和分析数据的能力;通过和肉眼计数比较准确性,感悟技术对科学研究的影响。

 实验器材

光电门传感器,摆的秘密实验器,有线接口,数据采集器,数据线,笔记本电脑(含软件);铁架台,金属摆锤,橡胶摆锤等。

图1 实验装置图

图2 本实验操作视频

实验操作

1. 观看视频：扫描二维码，可以观看本实验的操作视频。
2. 注意事项：搭建装置时，注意将光电门传感器置于摆球正下方且能使摆球正常通过光电门完成挡光。

 实验教学流程

1. 流程图

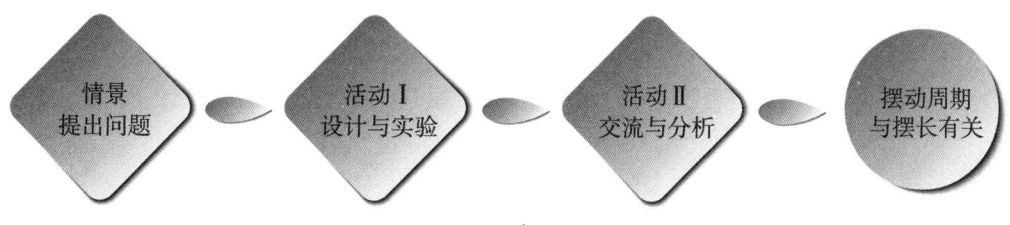

图 3　教学流程图

2. 流程图说明

（1）情景　提出问题

通过讨论荡秋千时的经历，提出问题"秋千每次摆动的时间是否相同？摆动周期和哪些因素有关？"并作出猜想。

（2）活动Ⅰ　设计与实验

利用光电门传感器和摆的秘密实验器设计实验方案，注意对比实验中的控制变量。搭建实验装置并操作，采集并记录摆球通过光电门的时间。

（3）活动Ⅱ　交流与分析

在小组获得实验结论的基础上，全班共同分析影响摆动周期的因素。

 实验活动任务单

1. 活动记录

（1）实验猜想：影响摆动周期的因素可能是_____。（选填"摆球质量"或"摆长"）

（2）实验方案：

（3）实验数据记录：

我们小组探究的影响摆动周期的因素是：_____（选填"摆球质量"或"摆长"），其他因素_____（选填"摆球质量"或"摆长"）保持一致。

依据探究因素选择的实验材料	摆动周期（秒）
1	
2	

（4）实验结论：_____（填写影响因素）和摆动周期_____（选填"有关"或"无关"）。

2. 实验评价

达成相关活动要求的，请在"达成情况"一栏中填入相应的"☆"数。

活动内容	活动要求	等第标准			达成情况
		☆☆☆	☆☆	☆	
作出猜想	① 对影响摆动周期的因素作出猜想 ② 小组的猜想有一定的依据	达成2条	达成1条	/	
设计方案	① 用文字或符号呈现实验过程 ② 能根据实验材料设计实验方案	达成2条	达成1条	/	
实验操作	① 小组成员分工明确 ② 按设计方案有序、规范实验 ③ 实验结束后，及时整理器材	达成3条	达成2条	达成1条	
数据分析	① 能分析实验数据 ② 能归纳总结出实验结论	达成2条	达成1条	/	

小组得到的星星数：_____颗。（满星为12颗）

第五篇
小学科学常用传感器的使用

功能各异的传感器"点亮"了实验的观感,让原先看不见的磁场、声音、湿度、电流等都尽收眼底。借助传感器的神奇魔法,我们捕捉到了"光",探测到了氧气的释放,感受到了溶液中酸与碱的交融……原先繁琐、难以实现的实验探究转眼间变得如此简单、直观。传感器的运用,正给每一位小小科学家们的想象力插上了翅膀。

87. 使用力传感器测量力

 ### 设计背景

力传感器可测量拉力（正值）、压力（负值），能以数据的方式精确表达力的大小。通过配套软件能采集连续数据，通过数据折线图能呈现受力大小变化的过程，解决了传统实验中使用弹簧测力计带来的测力难、读数难的问题。力传感器可以用于各种测量力的实验。

 ### 实验教学目标

通过"使用力传感器测量力"活动，知道力传感器的使用方法。

 ### 实验器材

力传感器，数据显示模块；钩码，挂线等。

图1　实验装置图　　　　图2　本实验操作视频

实验操作

1. 观看视频：扫描二维码，可以观看本实验的操作视频。
2. 注意事项：①测力前需按下清零按钮；②传感器受力的方向要和挂钩垂直，切忌超量程使用；③使用后务必解除受力状态。

 实验教学流程

1. 流程图

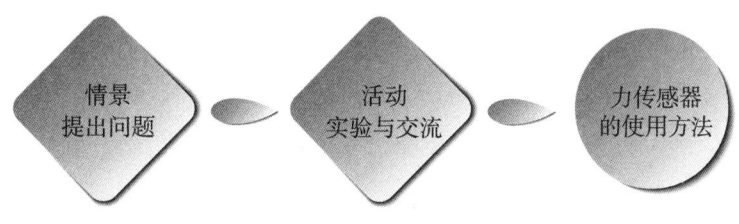

图 3　教学流程图

2. 流程图说明

（1）情景　提出问题

所有物体都会受到重力，我们该怎么测量物体受到的重力呢？

（2）活动　实验与交流

使用力传感器测量钩码所受的重力，小组汇报数据。

 实验活动任务单

1. 活动记录

（1）实验数据记录：钩码受到的重力为_____牛（N）。

（2）思考：我测量的数据准确吗？

原因是_____。

2. 实验评价

达成相关活动要求的，请在"达成情况"一栏中填入一颗"☆"。

活动内容	活动要求	达成情况
实验操作	① 实验前：能按照步骤准备实验	
	② 实验时：能准确地读数并记录数据	
	③ 实验后：能及时整理器材	

小组得到的星星数：_____颗。（满星为 3 颗）

88. 使用压强传感器测量压强

 设计背景

压强传感器用于测量气体压强，读数为绝对压强值。此传感器可以用于"液体内部压强""马德堡半球实验"等实验，解决了在传统实验中无法直接观测压强的问题。

 实验教学目标

通过"使用压强传感器测量压强"活动，知道压强传感器的使用方法。

 实验器材

压强传感器，数据显示模块；针筒。

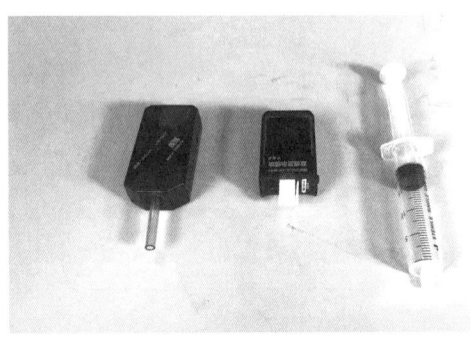

图1　实验装置图

图2　本实验操作视频

 实验操作

1. 观看视频：扫描二维码，可以观看本实验的操作视频。
2. 注意事项：①使用时应确保气密性；②不可直接浸入水中测量液体压强；③不可超量程使用。

实验教学流程

1. 流程图

图 3　教学流程图

2. 流程图说明

（1）情景　提出问题

空气被压缩后,气压会改变吗?

（2）活动　实验与交流

利用压强传感器测量针筒内的气压的变化,小组交流数据,得出结论:气体被压缩后,气压会增大。

 实验活动任务单

1. 活动记录

实验数据记录:推动活塞前,针筒内的气压是_____千帕(kPa);向前推动活塞,针筒内空气被压缩后的气压是_____千帕(kPa)。

2. 实验评价

达成相关活动要求的,请在"达成情况"一栏中填入一颗"☆"。

活动内容	活动要求	达成情况
实验操作	① 能正确安装器材,不漏气	
	② 能准确记录两次实验的数据	
	③ 实验结束后,及时整理器材	

小组得到的星星数:_____颗。(满星为 3 颗)

89. 使用 pH 传感器测量溶液的酸碱度

 设计背景

pH 传感器能以数据的方式精确表示溶液的酸碱性，具有快速响应的特点，测量数据能在 5 秒内达到真实值的 90%，10 秒内稳定。使用 pH 传感器测量溶液的酸碱度，解决了在传统实验中读取 pH 试纸颜色时因个体误差而产生读数不准确的问题。

 实验教学目标

通过"使用 pH 传感器测量溶液的酸碱度"活动，知道 pH 传感器的使用方法。

 实验器材

pH 传感器，数据显示模块；小苏打水，白醋。

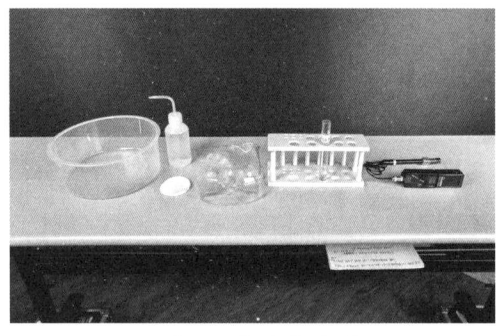

图 1　实验装置图

图 2　本实验操作视频

 实验操作

1. 观看视频：扫描二维码，可以观看本实验的操作视频。
2. 注意事项：①使用传感器时，需将电极前端玻璃泡完全浸没在溶液中；②测量时应防止液体飞溅,需要佩戴护目镜和手套,再次测量前,用装有蒸馏水的清洗瓶清洗电极,用滤纸吸掉玻璃电极上的水,冲洗时注意流水的收集;③需保证密封帽内有足够的活化液。

实验教学流程

1. 流程图

图3　教学流程图

2. 流程图说明

（1）情景　提出问题

观察小苏打水和白醋,提出问题"它们的酸碱性一样吗?"并作出猜测。

（2）活动　实验与交流

使用pH传感器测量小苏打水和白醋的酸碱性,小组汇报数据,分析得出结论。

实验活动任务单

1. 活动记录

（1）实验猜想:小苏打水呈_____,白醋呈_____。(均选填"酸性"或"碱性")

（2）实验方案:

（3）实验数据记录：小苏打水的 pH 是_____，白醋的 pH 是_____。

（4）实验结论：小苏打水呈_____，白醋呈_____。（均选填"酸性"或"碱性"）

2. 实验评价

达成相关活动要求的，请在"达成情况"一栏中填入一颗"☆"。

活动内容		活动要求	达成情况
实验操作	实验时	① 手套和护目镜佩戴规范	
		② 玻璃泡浸没至待测溶液中	
		③ 用洗瓶反复冲洗电极，用滤纸擦干	
	实验后	及时整理器材，把桌面擦干	

小组得到的星星数：_____颗。（满星为 4 颗）

90. 使用声波/声级传感器测量声音

 设计背景

声波/声级传感器能测量并显示出声音的波形及声音的频率、周期、振幅、强度等特征,配合数字化平台软件,可以更清晰、精确地观察在"声音轻响""音调高低"以及"噪音和乐音"等实验过程中的波形图的变化。

 实验教学目标

通过"使用声波/声级传感器测量声音"活动,知道声波/声级传感器的使用方法。

 实验器材

声波/声级传感器,无线传输模块,平板电脑(含软件);音叉,小锤等。

图1 实验装置图

图2 本实验操作视频

实验操作

1. 观看视频：扫描二维码，可以观看本实验的操作视频。
2. 注意事项：①声波传感器能够收集环境中的声音，在使用传感器记录声音前，要提醒学生注意保持安静，减少环境背景声音的干扰；②有些实验方案中要考虑变量的控制及声源的选择；③最新的传感器是声级/声波二合一的传感器，需要通过按按钮进行切换。

 实验教学流程

1. 流程图

图3 教学流程图

2. 流程图说明

（1）情景　提出问题

如果声音能以图像的形式显示出来，会是什么样子呢？噪音和乐音长得一样吗？

（2）活动　实验与交流

使用声波/声级传感器测量声音，观察由软件绘制出的波形图，讨论不同的声音波形图有哪些不同的特征。

 实验活动任务单

1. 活动记录

敲击音叉，发出声音的声级最大值是＿＿＿＿分贝（dB）。请画一画它的声波形状。

2. 实验评价

达成相关活动要求的，请在"达成情况"一栏中填入一颗"☆"。

活动内容	活动要求	达成情况
学业成果 （实验）	① 会用声波传感器收集数据或者观察波形图	
	② 知道使用声波传感器的一些要点和注意事项	
	③ 能用多种方法呈现实验结果	
学习习惯	① 服从安排，有分工	
	② 有序实验，结束后能整理好器材	
	③ 乐于助人	

小组得到的星星数：_____颗。（满星为 6 颗）

91. 使用三维磁感应强度传感器测量磁性

设计背景

三维磁感应强度传感器以数据的形式精确表达了磁体磁性的大小，解决了传统实验中不能定量测量磁现象的问题。使用三维磁感应强度传感器测量时，测量方向不影响数据采集，更便于小学生使用。

本传感器可用于比较磁性大小、认识磁场等实验。

实验教学目标

通过"使用三维磁感应强度传感器测量磁性"活动，知道磁传感器的使用方法。

实验器材

三维磁感应强度传感器，数据显示模块；不同的磁铁等。

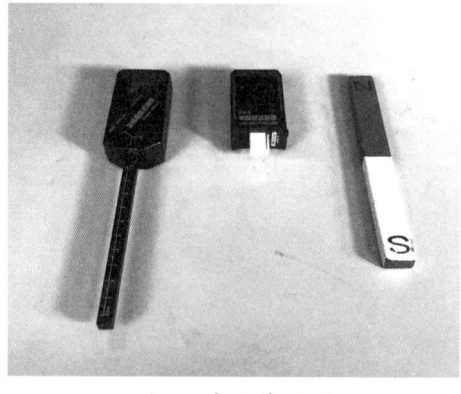

图1　实验装置图

图2　本实验操作视频

实验操作

1. 观看视频：扫描二维码，可以观看本实验的操作视频。
2. 注意事项：①三维磁感应强度传感器在不使用时要注意远离磁体；②使用前应清零，避免有其他磁铁的干扰。

 实验教学流程

1. 流程图

图 3 教学流程图

2. 流程图说明

（1）情景　提出问题

通过观察各种各样的磁铁，提出问题"不同的磁铁磁性强弱一样吗？"并作出假设。

（2）活动　实验与交流

使用磁感应强度传感器测量不同磁铁的磁性，小组汇报数据，分析数据得出结论：不同磁铁的磁性强弱不同。

 实验活动任务单

1. 活动记录

（1）实验猜想：不同的磁铁磁性强弱_____。（选填"相同"或"不同"）

（2）实验数据记录：

不同磁铁	磁铁①	磁铁②	磁铁③
磁性强弱（mT）			

（3）实验结论：不同的磁铁磁性强弱_____。（选填"相同"或"不同"）

2. 实验评价

达成相关活动要求的，请在"达成情况"一栏中填入相应的"☆"数。

活动内容	活动要求	等第标准			达成情况
		☆☆☆	☆☆	☆	
作出猜想	① 对不同磁铁的磁性强弱作出猜想 ② 小组的猜想有一定的依据	达成 2条	达成 1条	/	
实验操作	① 小组成员分工明确 ② 有序、规范实验 ③ 实验结束后，及时整理器材	达成 3条	达成 2条	达成 1条	
数据分析	① 能分析实验数据 ② 能归纳总结出实验结论	达成 2条	达成 1条	/	

小组得到的星星数：_____颗。（满星为9颗）

92. 使用电流传感器测量电流

设计背景

电流传感器可用于测量电流的大小与方向，使用方法同电流表，但数值比电流表更精确。传统实验中通过灯泡亮不亮来判断是否有电流通过，有时并不准确，使用电流传感器可以解决这个问题。电流传感器可用于测量电路电流的相关实验。

实验教学目标

通过"使用电流传感器测量电流"活动，知道电流传感器的使用方法。

实验器材

电流传感器，数据显示模块；电池组，开关，小电珠，导线等。

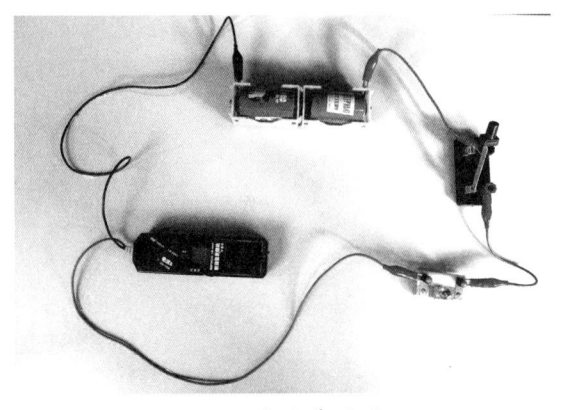

图 1　实验装置图

图 2　本实验操作视频

实验操作

1. 观看视频：扫描二维码，可以观看本实验的操作视频。
2. 注意事项：①电路的正负极要连接正确；②电路连接完成后，最后闭合开关；③电流传感器不能直接接在电源两端。

 实验教学流程

1. 流程图

图 3　教学流程图

2. 流程图说明

（1）情景　提出问题

闭合电路，小电珠会发光，那电路中的电流究竟有多大呢？

（2）活动　实验与交流

使用电流传感器测量电流，小组汇报数据。

 实验活动任务单

1. 活动记录

（1）电路设计图：

（2）实验数据记录：电路中的电流是_____安培（A）。

2. 实验评价

达成相关活动要求的，请在"达成情况"一栏中填入一颗"☆"。

活动内容	活动要求	达成情况
方案设计	能准确地设计电路图	
实验操作	① 能正确连接电路的正负极	
	② 电路正确连接后闭合开关	
	③ 能用电流传感器测量电流	
	④ 实验结束后，及时整理器材	

小组得到的星星数：_____颗。（满星为5颗）

93. 使用多量程电流传感器测量电流大小

 设计背景

多量程电流传感器不仅能以数据的方式精确表达电流大小，而且可以根据实验需要切换三种电流量程，可用于"玻璃导电""人体电流"等实验，解决了传统实验中用电流表测量电流大小不能切换量程的问题。

 实验教学目标

通过"使用多量程电流传感器测量电流大小"活动，知道多量程电流传感器的使用方法。

 实验器材

多量程电流传感器，数据显示模块；电池组，小电珠，开关和导线等。

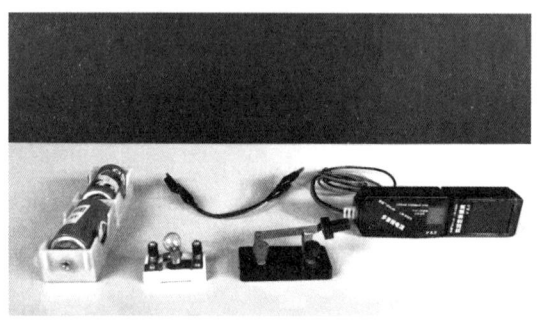

图 1　实验装置图

图 2　本实验操作视频

 实验操作

1. 观看视频：扫描二维码，可以观看本实验的操作视频。
2. 注意事项：①多量程电流传感器不能直接接在电源的两端；②测量时，应将多量程电流传感器与被测电路串联，并关注电流传感器的极性。

实验教学流程

1. 流程图

图 3　教学流程图

2. 流程图说明

（1）情景　提出问题

简单电路中的电流大小是多少？

（2）活动　实验与交流

利用多量程电流传感器测量简单电路的电流（可切换量程，观测数据的精度），小组汇总数据后交流讨论。

 实验活动任务单

1. 活动记录

实验数据记录：电路中的电流大小为_____安（A）。

2. 实验评价

达成相关活动要求的，请在"达成情况"一栏中填入一颗"☆"。

活动内容	活动要求	达成情况
实验操作	① 能正确连接电路的正负极	
	② 电路正确连接后闭合开关	
	③ 能在实验结束后，及时整理器材	

小组得到的星星数：_____颗。（满星为 3 颗）

94. 使用电压传感器测量电压

 设计背景

电压传感器能精确地测量电路两点之间的电压大小与方向，可用于串、并联电路的电压分析，解决了传统实验中电压表测量不够精确的问题。

 实验教学目标

通过"使用电压传感器测量电压"活动，知道电压传感器的使用方法。

 实验器材

电压传感器，数据显示模块；开关，小电珠，导线，干电池组等。

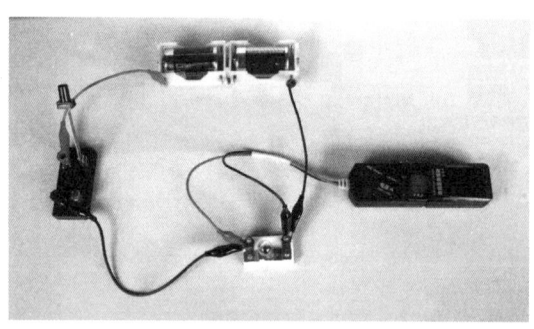

图1　实验装置图

图2　本实验操作视频

 实验操作

1. 观看视频：扫描二维码，可以观看本实验的操作视频。
2. 注意事项：①电路的正负极要连接正确；②电路连接完成后，最后闭合开关；③电压传感器应并联在小电珠两端。

实验教学流程

1. 流程图

图 3　教学流程图

2. 流程图说明

（1）情景　提出问题

你知道只有一个小电珠的连通电路里，小电珠两端的电压是多少吗？

（2）活动　实验与交流

利用电压传感器测量小电珠两端的电压，小组交流数据。

 实验活动任务单

1. 活动记录

（1）电路设计图：

（2）实验数据记录：电路中小电珠两端的电压是_____伏（V）。

2. 实验评价

达成相关活动要求的，请在"达成情况"一栏中填入一颗"☆"。

活动内容	活动要求	达成情况
方案设计	能准确地设计电路图	
实验操作	① 能正确连接电路的正负极	
	② 电路正确连接后闭合开关	
	③ 能正确使用电压传感器	
	④ 实验结束后，及时整理器材	

小组得到的星星数：_____颗。（满星为 5 颗）

95. 使用光电门传感器测量时间

 设计背景

光电门传感器可用于测量被测物经过光电门的时间，达到微秒级精度；同时使用多个光电门传感器可以测得物体在任意两个光电门之间的运行时间；配合数字化平台软件，光电门传感器还可以采集次数和频率等数据，可用于"单摆研究""加速度的测量"等实验，解决了在传统实验中无法精准记录瞬时时间的问题。

 实验教学目标

通过"使用光电门传感器测量时间"活动，知道光电门传感器的使用方法。

 实验器材

光电门传感器，传感器转接模块，无线发射模块，平板电脑（含软件）；摆的秘密实验器，铁架台等。

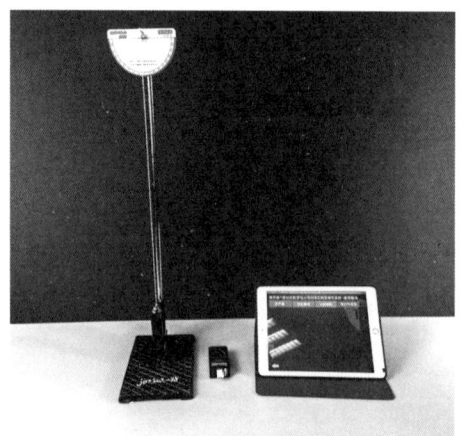

图1 实验装置图

图2 本实验操作视频

实验操作

1. 观看视频：扫描二维码，可以观看本实验的操作视频。
2. 注意事项：搭建装置时，注意将光电门传感器置于摆球正下方，且能使摆球正常通过光电门完成挡光。

 实验教学流程

1. 流程图

图 3　教学流程图

2. 流程图说明

（1）情景　提出问题

单摆实验器中的小球从高处落下需要多少时间？

（2）活动　实验与交流

利用光电门传感器记录小球从高处落下穿过光电门传感器的时间，小组交流数据。

 实验活动任务单

1. 活动记录

实验数据记录：小球落下需要的时间为_____秒（s）。

2. 实验评价

达成相关活动要求的，请在"达成情况"一栏中填入相应的"☆"数。

活动内容	活动要求	等第标准			达成情况
		☆☆☆	☆☆	☆	
实验操作	① 实验前：能正确完成实验装置 ② 实验时：注意铁球的位置 ③ 实验后：及时整理器材	达成 3条	达成 2条	达成 1条	

小组得到的星星数：_____颗。（满星为 3 颗）

96. 使用温度传感器测量温度

设计背景

温度传感器采用探针与传感器电路分离的构造,能以数据的方式精确表达被测物的温度;通过配套软件能采集连续数据,通过数据折线图能呈现温度变化的过程,解决了在传统实验中读取温度计的读数时容易出现误差的问题,同时简化了温度记录和绘制数据图的过程。

实验教学目标

通过"使用温度传感器测量温度"活动,知道温度传感器的使用方法。

实验器材

温度传感器、数据显示模块;待测物等。

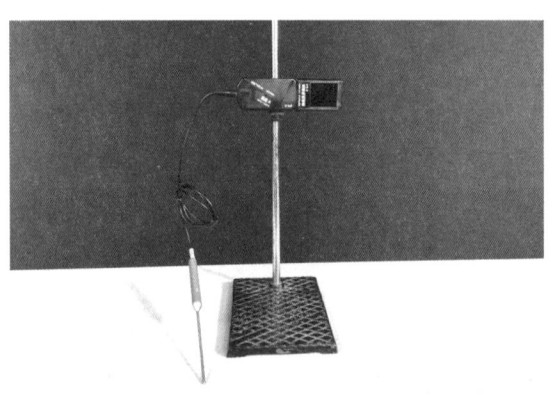

图1 实验装置图

图2 本实验操作视频

实验操作

1. 观看视频：扫描二维码，可以观看本实验的操作视频。
2. 注意事项：①用温度探针测量溶液的温度时，要悬于溶液中，测量物体时要靠近探针顶部；②不可使用火焰对金属探针直接加热。

 实验教学流程

1. 流程图

图 3 教学流程图

2. 流程图说明

（1）情景 提出问题

冰块融化时，周围的温度会上升还是下降呢？

（2）活动 实验与交流

使用温度传感器测量冰块附近的温度，待数据稳定后读数，小组汇报数据。

 实验活动任务单

1. 活动记录

实验数据记录：冰块附近的温度是_____摄氏度（℃）。

2. 实验评价

达成相关活动要求的，请在"达成情况"一栏中填入一颗"☆"。

活动内容	活动要求	达成情况
实验操作	① 测量温度时注意探针的位置	
	② 测温时能准确记录数据	
	③ 实验结束后，及时整理器材	

小组得到的星星数：_____颗。（满星为 3 颗）

97. 使用双量程光照度传感器测量光照度

 设计背景

双量程光照度传感器可以迅速准确地测量出单位面积上收到的光通量,并可根据环境照度改变传感器量程。此传感器可以用于"光照度测量""比较不同光源照明效果"等实验,解决了在传统实验中仅用肉眼观察无可靠数据的问题。

 实验教学目标

通过"使用双量程光照度传感器测量光照度"活动,知道双量程光照度传感器的使用方法。

 实验器材

双量程光照度传感器,数据显示模块;手电筒。

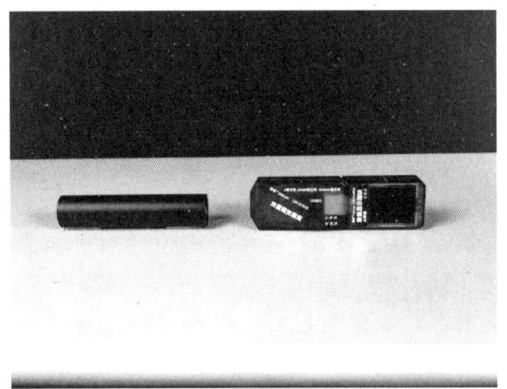

图 1　实验装置图

图 2　本实验操作视频

 实验操作

1. 观看视频:扫描二维码,可以观看本实验的操作视频。

2. 注意事项：①测量时注意避免其他光源的干扰；②使用时要根据需要切换量程，不可超量程使用；③实验中双量程光照度传感器前端朝向光源，并与光线保持在一条直线上；④注意避免手电筒光源直接照射眼睛。

 实验教学流程

1. 流程图

图 3　教学流程图

2. 流程图说明

（1）情景　提出问题

手电筒的灯究竟有多亮？

（2）活动　实验与交流

利用双量程光照度传感器测量手电筒的亮度，记录数据并得出结论。

 实验活动任务单

1. 活动记录

（1）讨论：手电筒光照度的测量需要注意哪些因素？

_____

（2）实验数据记录：

测量距离	远	近
手电筒光照度（lx）		

2. 实验评价

达成相关活动要求的,请在"达成情况"一栏中填入一颗"☆"。

活动内容	活动要求	达成情况
讨论交流	① 能够考虑到实验的干扰因素	
	② 回答时声音响亮,逻辑清晰	
实验操作	① 实验前:小组成员分工明确	
	② 实验时:能有序、规范实验	
	③ 实验后:可以及时整理器材	

小组得到的星星数:_____颗。(满星为 5 颗)

98. 使用二氧化碳传感器测量二氧化碳含量

 ## 设计背景

二氧化碳传感器采用泵动循环式设计,可测量空气中二氧化碳含量的动态变化。此传感器可以用于测量二氧化碳的相关实验,如"光合作用""种子萌发过程研究""小苏打与食醋反应研究"等,解决了传统实验中二氧化碳含量无法测量的问题。

 ## 实验教学目标

通过"使用二氧化碳传感器测量二氧化碳含量"活动,知道二氧化碳传感器的使用方法。

 ## 实验器材

二氧化碳传感器,传感器转接模块,数据显示模块;气液相密封实验器,吸管等。

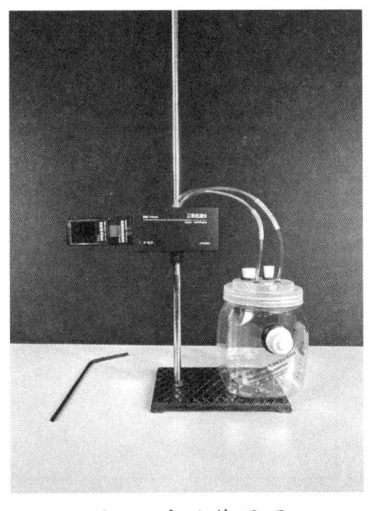

图 1　实验装置图

图 2　本实验操作视频

实验操作

1. 观看视频：扫描二维码，可以观看本实验的操作视频。
2. 注意事项：实验过程中注意容器的密闭。

 实验教学流程

1. 流程图

图 3　教学流程图

2. 流程图说明

（1）情景　提出问题

每个人都需要呼吸才能生存。我们一次呼出的二氧化碳有多少呢？

（2）活动　实验与交流

利用二氧化碳传感器，测量呼出的二氧化碳量，待数值稳定后读数，小组交流数据。

 实验活动任务单

1. 活动记录

（1）实验数据记录：实验前，气液相密封实验器的二氧化碳含量是_____（ppm）。

（2）实验数据记录：呼气后，气液相密封实验器的二氧化碳含量是_____（ppm）。

2. 实验评价

达成相关活动要求的，请在"达成情况"一栏中填入相应的"☆"数。

活动内容	活动要求	等第标准			达成情况
		☆☆☆	☆☆	☆	
实验操作	① 实验前：小组成员分工明确 ② 实验时：注意容器密封性 ③ 实验后：及时整理器材	达成 3条	达成 2条	达成 1条	

小组得到的星星数：_____颗。（满星为3颗）

99. 使用氧气传感器测量氧含量

设计背景

氧气传感器能迅速精确地测量空气中的氧含量，解决了传统实验中氧气测量仅能定性的问题。此传感器用途广泛，既可以完成氧含量的定量测量，又可以配合二氧化碳传感器等，开展丰富多样的研究性学习项目。

实验教学目标

通过"使用氧气传感器测量氧含量"活动，知道氧气传感器的使用方法。

实验器材

氧气传感器，数据显示模块；气液相密封实验器，吸管等。

图1 实验装置图

图2 本实验操作视频

实验操作

1. 观看视频：扫描二维码，可以观看本实验的操作视频。
2. 注意事项：实验过程中注意容器的密闭。

实验教学流程

1. 流程图

图 3　教学流程图

2. 流程图说明

（1）情景　提出问题

向封闭的容器中吐气，瓶中气体中的氧含量会发生怎样的变化呢？

（2）活动　实验与交流

利用氧气传感器测量封闭容器中呼气后的氧含量，数值稳定后读数，小组交流数据。

 实验活动任务单

1. 活动记录

（1）实验数据记录：实验前，气液相密封实验器的氧含量是_____%。

（2）实验数据记录：呼气后，气液相密封实验器的氧含量是_____%。

2. 实验评价

达成相关活动要求的，请在"达成情况"一栏中填入一颗"☆"。

活动内容	活动要求	达成情况
实验操作	① 小组成员分工明确	
	② 有序、规范实验	
	③ 实验结束后，及时整理器材	

小组得到的星星数：_____颗。（满星为 3 颗）

100. 使用相对湿度传感器测量湿度

 设计背景

相对湿度传感器能精确测量空气中的水蒸气含量。传感器前端探管可方便置于气液相密封实验器，能完成"植物的蒸腾作用""人体呼出气体的特点"等实验，解决了在传统实验中无法用具体数据表达湿度的问题。

 实验教学目标

通过"使用相对湿度传感器测量湿度"活动，知道相对湿度传感器的使用方法。

 实验器材

相对湿度传感器，数据显示模块；温水和烧杯等。

图1　实验装置图

图2　本实验操作视频

 实验操作

1. 观看视频：扫描二维码，可以观看本实验的操作视频。

2. 注意事项：水面上方的相对湿度随高度变化较大，建议采用统一的高度进行测量，方便对比。（也可测量不同高度的相对湿度，绘制变化曲线）

 实验教学流程

1. 流程图

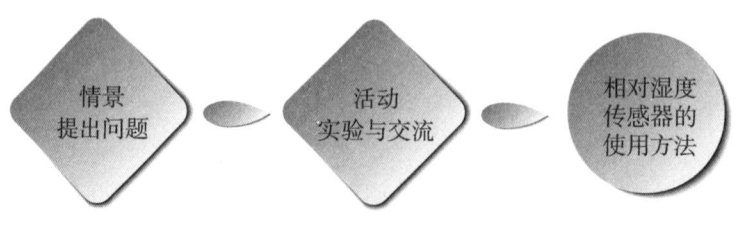

图 3　教学流程图

2. 流程图说明

（1）情景　提出问题

温水的水蒸气会影响空气中的湿度吗？

（2）活动　实验与交流

利用相对湿度传感器测试烧杯中温水上方空气的湿度，小组交流数据。

 实验活动任务单

1. 活动记录

实验数据记录：烧杯中温水上方的空气湿度是_____%。

2. 实验评价

达成相关活动要求的，请在"达成情况"一栏中填入一颗"☆"。

活动内容	活动要求	达成情况
实验操作	① 能准确使用相对湿度传感器	
	② 有序、规范实验	
	③ 实验结束后，及时整理器材	

小组得到的星星数：_____颗。（满星为 3 颗）

101. 使用土壤湿度传感器测量土壤湿度

 设计背景

土壤湿度传感器能迅速准确地测量出土壤的湿度，可用于"土壤中有水分吗？"等实验，解决了在传统实验中无法直接观测土壤湿度的问题。

 实验教学目标

通过"使用土壤湿度传感器测量土壤湿度"活动，知道土壤湿度传感器的使用方法。

 实验器材

土壤湿度传感器，数据显示模块；土壤，烧杯等。

图1　实验装置图

图2　本实验操作视频

 实验操作

1. 观看视频：扫描二维码，可以观看本实验的操作视频。
2. 注意事项：将传感器探头放入装有土壤的烧杯中时，需要注意测量的深度。

实验教学流程

1. 流程图

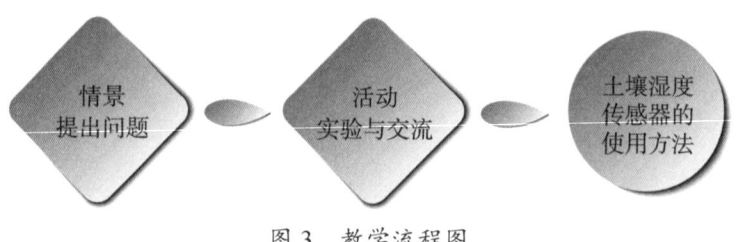

图 3 教学流程图

2. 流程图说明

（1）情景 提出问题

土壤中含有水分吗？

（2）活动 实验与交流

利用土壤湿度传感器测量土壤的湿度，小组交流数据。

实验活动任务单

1. 活动记录

实验数据记录：烧杯中土壤的湿度是_____%。

2. 实验评价

达成相关活动要求的，请在"达成情况"一栏中填入相应的"☆"数。

活动内容	活动要求	等第标准			达成情况
		☆☆☆	☆☆	☆	
实验操作	① 小组成员分工明确 ② 有序、规范实验 ③ 实验结束后，及时整理器材	达成 3 条	达成 2 条	达成 1 条	

小组得到的星星数：_____颗。（满星为 3 颗）

102. 使用心率传感器测量心率

 ### 设计背景

心率传感器能迅速、精确地测量人一分钟的心跳次数（即"心率"），配合数字化平台软件，可以绘制出人心率曲线图，帮助学生直观地观测心率，解决了在传统实验中依靠人工计数导致准确性低的问题。

 ### 实验教学目标

通过"使用心率传感器测量心率"活动，知道心率传感器的使用方法。

 ### 实验器材

心率传感器，数据显示模块。

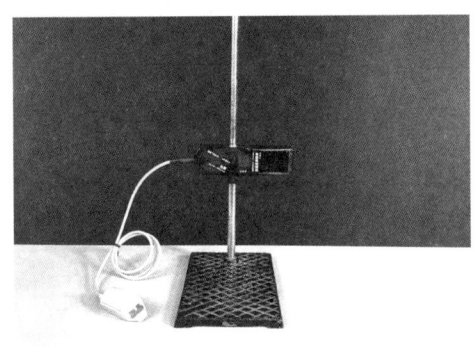

图1　实验装置图　　　　　　　　图2　本实验操作视频

 ### 实验操作

1. 观看视频：扫描二维码，可以观看本实验的操作视频。
2. 注意事项：实验过程中始终将心率传感器夹在手指上，避免脱落。

实验教学流程

1. 流程图

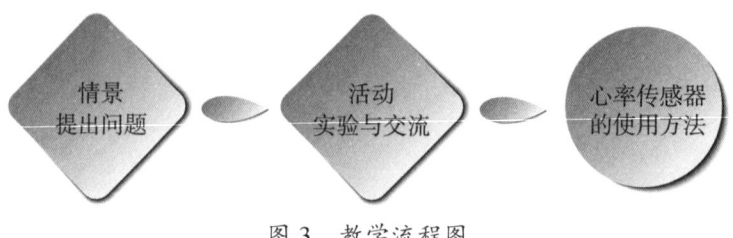

图 3　教学流程图

2. 流程图说明

（1）情景　提出问题

每个人的心跳的快慢一样吗？如何测量记录我们的心率？

（2）活动　实验与交流

利用心率传感器测量自己的心率，小组交流数据。

实验活动任务单

1. 活动记录

　　实验数据记录：你的心率是＿＿＿＿次/分钟。

2. 实验评价

　　达成相关活动要求的，请在"达成情况"一栏中填入相应的"☆"数。

活动内容	活动要求	等第标准			达成情况
		☆☆☆	☆☆	☆	
实验操作	① 小组成员分工明确 ② 有序、规范实验 ③ 实验结束后，及时整理器材	达成 3条	达成 2条	达成 1条	

　　小组得到的星星数：＿＿＿＿颗。（满星为 3 颗）